Hörspiel und Hörbuch

Mediale Entwicklung
von der Weimarer Republik bis zur Gegenwart

von

Stefan Köhler

Tectum Verlag
Marburg 2005

Köhler, Stefan:
Hörspiel und Hörbuch.
Mediale Entwicklung von der Weimarer Republik bis zur Gegenwart.
/ von Stefan Köhler
- Marburg : Tectum Verlag, 2005
ISBN 978-3-8288-8932-3

© Tectum Verlag

Tectum Verlag
Marburg 2005

Abkürzungsverzeichnis 5

Einleitung 7

Erläuterung der Begriffe 11

1 Die Geschichte des Rundfunkhörspiels in Deutschland
bis 1945 und in der BRD bis zur Gegenwart 15
   1.1 Die Anfänge des Hörspiels im Deutschland der Weimarer
Republik von 1923 bis 1933 16
   1.2 Das Hörspiel als Instrument der nationalsozialistischen
Propaganda 25
      1.2.1 Das Exilhörspiel in der Zeit des Nationalsozialismus 30
   1.3 Das deutsche Hörspiel der Nachkriegszeit von 1945 bis 1960 33
   1.4. Hörspielkrise und Neues Hörspiel von 1960 bis 1980 39
   1.5 Das Hörspiel im Rundfunk von 1980 bis 2004 49
      1.5.1 Das Hörspiel im Rundfunk von 1980 bis 1985 49
      1.5.2 Die Einführung privater Radiosender und neue Trends
im Radiohörspiel von 1985 bis 2004 52
      1.5.3 Das Rundfunkhörspiel im Internet 60

2 Tonträger, neue Medien und neue Hörergenerationen 65
   2.1 Digitale Tonträgermedien und Internetplattformen für Hörbücher .. 65
   2.2 Vor- und Nachteile verschiedener Tonträgermedien 68
   2.3 Kommunikation in „Chat-Rooms" und „News-Groups" 74
   2.4 Worttonträger in Bibliotheken, Buchhandlungen und
im Onlineverkauf 78
   2.5 Hörverlage und Hörbuchkategorien 81
   2.6 Hörer und Hörspieltheater 83

Schlussbetrachtung 89

Literaturverzeichnis 93

Internetquellen 95

Abkürzungsverzeichnis

ARD	Arbeitsgemeinschaft der öffentlich-rechtlichen Rundfunkanstalten der Bundesrepublik Deutschland
BBC	British Broadcast Communication
BR	Bayerischer Rundfunk
BRD	Bundesrepublik Deutschland
bzw.	beziehungsweise
CD	Compact Disc
cda	compact digital audio
DAISY	Digital Accessible Information System
DDR	Deutsche Demokratische Republik
DHV	Der Hörverlag
DSL	Digital Subscriber Line
DSR	Digitales Satellitenradio
DVD	Digital Versatile Disc
ebd.	ebenda
etc.	et cetera
FAZ	Frankfurter Allgemeine Zeitung
GEZ	Gebühreneinzugszentrale der öffentlich-rechtlichen Rundfunkanstalten in der Bundesrepublik Deutschland
HR	Hessischer Rundfunk
ISDN	Integrated Services Digital Network
KPD	Kommunistische Partei Deutschlands
LP	Langspielplatte
Mac	Macintosh Computer
MC	Musikkassette
MDR	Mitteldeutscher Rundfunk
MP3	MPEG Audio Layer 3
MPEG	Motion Picture Expert Group

MTV	Music Television
MW	Mittelwelle (engl.: AM = Amplitude Modulation)
NS	Nationalsozialismus
NSDAP	Nationalsozialistische Deutsche Arbeiterpartei
NWDR	Nordwestdeutscher Rundfunk
PC	Personal Computer
R-DAT	Rotary Head Digital Audio Tape Recorder
RM	Reichsmark
S2	Kultursender des SWR
SA	Sturmabteilung
SPD	Sozialdemokratische Partei Deutschlands
SR	Saarländischer Rundfunk
SWF	Südwestfunk
SWR	Südwestrundfunk
TV	Television
UKW	Ultrakurzwelle (engl.: FM = Frequency Modulation)
UrhG	Urheberrechtsgesetz
URL	Uniform Resource Locator (alt: Universal Resource Locator)
USA	United States of America
USB	Universal Serial Bus
WDR	Westdeutscher Rundfunk
WERAG	Westdeutsche Rundfunk Arbeits-Gemeinschaft
z.B.	zum Beispiel

Einleitung

In allen Kulturen und Epochen der Menschheitsgeschichte waren neben Abbildungen, Zeichnungen und später auch der Schrift vor allem die mündlich vorgetragenen Geschichten und Legenden, die verbal von Generation zu Generation vermittelt wurden, Grundlage und „Gedächtnis" einer Gesellschaft. Die Wurzeln und Identität der persönlich erlebten Kultur waren damit vom gesprochenen Wort und einer auditiven Rezeption abhängig.

Erst durch die Bemühungen einiger Bildungstheoretiker der Aufklärung kam es im Europa des 18. Jahrhunderts zu einer allmählichen Verbreitung der Lese- und Schreibfähigkeit innerhalb der einfachen Bevölkerung, was die Verbreitung einer stillen Lektüre für alle sozialen Schichten einer Gesellschaft ermöglichte. Diese Möglichkeit war bis zu dieser Zeit nur dem Klerus, dem Adel und Teilen des Bürgertums vorbehalten. Die Volkskultur, ihre Geschichten und Märchen waren vom mündlichen Vortrag und der akustischen Rezeption bestimmt. Ein kleiner Teil dieses Kulturgutes wurde erst im 19. Jahrhundert von den Begründern der Germanistik, den beiden Brüdern Jacob und Wilhelm Grimm schriftlich festgehalten.

Schon im Mittelalter dienten z.B. mündlich vorgetragene Heldenerzählungen vor allem der Unterhaltung eines adeligen Hörpublikums. Aber auch das „einfache Volk" genoss zu dieser Zeit ähnliche Formen der verbalen Unterhaltungskunst, die von reisenden Künstlern vorgetragen wurde. Der größte Teil dieser Geschichten wurde von den Erzählern frei improvisiert. Bücher oder Schriftrollen waren Manuskripte, an denen sich die Erzähler orientieren konnten. Nur gelegentlich las man Abschnitte direkt aus einem Text vor. Märchen und Heldenlegenden wurden so mit einem festen Handlungskern, auf immer andere und individuelle Weise von den Erzählern neu interpretiert. Auch hier dominierte die auditive Rezeption. Im Prinzip war diese Art der Unterhaltung eine frühe Form von „Live-Hörspielen".

Die Schrift war ein sehr genaues Speichermedium, das einmal fixiert unveränderlich blieb. Wichtige Erkenntnisse konnten so präzise festgehalten werden. Die Fähigkeit zu schreiben war aber nur wenigen vorbehalten. Der rein mündliche Vortrag und die akustische

Rezeption dienten dem weit größeren Teil der Menschheit als Unterhaltungs- und Kunstform mit einer langen Tradition.

Seit dem 18. und bis zum Beginn des 20. Jahrhunderts war das Buch das dominierende Medium und das Theater diente der Unterhaltung eines großen Publikums. Doch durch neue technische Entwicklungen entstanden mit dem Kino, dem Rundfunk und später auch dem Fernsehen alternative Unterhaltungsformen.

Noch vor wenigen Jahrzehnten war es üblich, Kindern Geschichten vorzulesen. Heutzutage sind hauptsächlich Kino-/DVD-/Videofilme, das Fernsehen und zum Teil auch Hörspiele an diese Stelle getreten.

Mit dem Start des Rundfunks in Deutschland, Anfang des 20. Jahrhunderts, war die akustische Rezeption von Hörspielen mittels eines Radioempfangsgerätes ein faszinierendes Novum für viele Menschen. Und noch heute sprechen Hörbücher viele interessierte Hörer an. Doch es gab auch Perioden der Hörspielgeschichte, in denen Hörliteratur kaum beachtet, von Kritikern als Bücher für „Lesefaule" bezeichnet und als ästhetisch und qualitativ minderwertiges Nebenprodukt der Buchliteratur betrachtet wurde. Nur wenige Interessierte rezipierten Hörspiele in diesen Phasen.

Allein für Sehbehinderte stellte das Hörbuch als „Hörfilm" eine Alternative zum Fernsehen und dem Kino der Welt der Sehenden dar. Für diese Gruppe von Menschen war das Hörspiel schon immer ein äußerst wertvolles Medium.

In den 70-er Jahren wurde dann mit der vermehrten Publikation von Worttonträgern ein Grundstein für den „Hörspielboom" der 90-er Jahre und ein stetig wachsendes Interesse für Hörbücher gelegt, das bis heute anhält. Hörverlage nutzten und nutzen verschiedene Tonträger, wie die Audiokassette, die Schallplatte und neue digitale Formen von Tonspeichermedien, um ihre Hörspiele zu publizieren.

Obwohl das Hörspiel in der Literaturgeschichte eine recht junge Gattung ist, hat es doch seit seiner Entstehung bereits eine beachtliche Entwicklung erfahren. Um Ursachen für heutige Trends und den „Hörspielboom" erklären zu können, ist es unerlässlich sich zunächst mit der Geschichte des Hörspiels im Rundfunk zu befassen. Mit dem Beginn der Radiogeschichte in Deutschland, begann auch offiziell die Geschichte des Hörspiels.

Im ersten Kapitel dieser Arbeit soll deshalb der Schwerpunkt darin liegen, die Geschichte des Rundfunkhörspiels in Deutschland vor 1945 und in der BRD darzustellen. Daran anschließend werden im zweiten Kapitel Tonträger für Hörbücher, die Bedeutung der „neuen Medien" für das Hörspiel und neue Generationen von Hörern, in dem Zeitraum der 70-er Jahre bis heute analysiert.

Es wird den Fragen nachgegangen, welchen Einfluss Hörspielmacher, Literaturtheoretiker, Künstler, Schriftsteller, Politiker, die Gesellschaft und nicht zuletzt die Hörer auf die junge Literaturdisziplin des Hörspiels hatten, die lange Zeit als arteigene Kunst des Radios galt. In diesem Zusammenhang wird auch untersucht, welche Ideen und Impulse für innovative Neuerungen verantwortlich waren oder was die Hörspielarbeit negativ beeinflusste. Da Neuentwicklungen aus dem technischen Bereich sehr oft Grundvoraussetzung für neue Darstellungstechniken sind, wird auch dieser Aspekt immer wieder eine wichtige Rolle bei der Betrachtung der Hörspielentwicklung spielen, wenn es z.B. um neue Möglichkeiten der Hörspielproduktion und die Ausstattung von Aufnahmestudios geht.

Auch bei der Analyse des Hörspiels auf Tonträgermedien ist die technische Entwicklung ein zentrales Thema. Es werden verschiedene Tonträger und deren Vor- und Nachteile vorgestellt, z.B. in bezug auf deren Handhabung und Speicherkapazität, ebenso wie die durch sie herbeigeführten neuen Möglichkeiten der akustischen Rezeption von Hörspielen. Dabei wird auch auf neue Generationen digitaler Abspielgeräte, sowie verschiedene digitale Tonspeicherformate eingegangen.

Außerdem werden Phänomene, wie Hörspielkult und Hörspieltheater ebenfalls eine Rolle spielen. Eine wachsende Fangemeinde, die nicht das Hören und die Produktion von Hörbüchern und Hörspielen diskutiert, sondern auch über eigene Rezeptionserfahrungen informieren möchte, ist eine solche Erscheinung. Hierbei wird speziell auf das Internet und die dort vorhandenen Kommunikationsforen, wie etwa „News-Groups" und „Chat-Rooms" eingegangen, wo sich das Netz auch immer mehr als virtueller Ort für soziale Interaktion präsentiert.

Hörbücher und Radiohörspiele im Internet, sowie deren Präsentation und Präsenz in diesem Medium sind weitere Gegenstände dieser Arbeit. Hierbei werden vor allem sogenannte „Online-Tauschbörsen" und schließlich noch „Internet-Verkaufsplattformen" vorgestellt, wenn es in diesem Zusammenhang auch um unterschiedliche Vertriebs-, Verkaufs- und Angebotsstrukturen von Hörbüchern geht.

Begonnen wird jedoch zunächst mit der Erläuterung einiger grundlegender Begriffe, wie sie in dieser Arbeit verwendet werden, da eine Vielzahl von Bezeichnungen rund um das Hörspiel oft mit unterschiedlicher Bedeutung verwendet werden.

Erläuterung der Begriffe

Seit seiner Entstehung entwickelte sich das Hörspiel stetig fort. So kam es zur Ausbildung von einer Vielzahl unterschiedlicher Hörspieltypen und -genres. Die Versuche einer Hörspieldefinition, eine präzise Einteilung in unterschiedliche Hörspielarten und Bezeichnungen, die für diese gebraucht werden, gestaltet sich seit jeher als schwierig und ungenau.

An dieser Stelle sollen nur einige zentrale Begriffe erläutert und inhaltlich fixiert werden. In den folgenden Kapiteln wird dann im einzelnen genauer auf die verschiedenen Ausprägungen und Formen des Hörspiels eingegangen.

Rundfunkhörspiel:
Die Bezeichnung Hörspiel diente im Rundfunk zunächst als Oberbegriff für alle Typen und Genres der Gattung.[1]

Das klassische Hörspiel zeichnet sich dadurch aus, dass ein gesprochener Text von verschiedenen Sprechern oder einem Erzähler vorgetragen wird. Der Anteil an untermalender Musik und begleitenden Geräuschen kann sehr hoch liegen. Literatur in Buchform, Fernsehserien, Kinofilme, Theateraufführungen oder speziell angefertigte Hörspieldrehbücher können als Vorlagen dienen.

Im Gegensatz dazu besteht das sogenannte „Schallspiel" nahezu nur aus Geräuschen und Musik. Worte oder Sprache werden hier nur bedingt eingesetzt. Solche Hörkunstwerke fallen aber bis heute ebenfalls unter den Sammelbegriff Hörspiel.

Hörspieltyp:
Durch Begriffe wie Sendespiel, Schallspiel, Originaltonhörspiel oder traditionelles Hörspiel werden verschiedene Hörspieltypen, bzw. -arten voneinander abgegrenzt. Die Unterscheidungsmerkmale beziehen sich dabei auf die unterschiedlichen Produktionsformen, also ob das Hörspiel von Musik, Klang oder dem gesprochenen Wort dominiert wird. So wurde z.B. ab den 60-er und 70-er Jahren das reine Schall-, Klang- und Originaltonhörspiel unter der Bezeichnung „Neues Hörspiel" im Gegensatz zum eher am gesprochenen Wort

---

1 Schanze, Helmut (Hg.): Metzler Lexikon. Medientheorie. Medienwissenschaft. Stuttgart: Verlag J. B. Metzler 2002. S.139.

orientierten, traditionellen Hörspiel zusammengefasst. Die Befürworter des Neuen Hörspiels wollten damit auch eine begriffliche Abgrenzung zum ihrer Meinung nach veralteten traditionellen Hörspiel schaffen.

In den 90-er Jahren wurden Formen von experimentellen Klang- und Musikhörspielen als „Ars Acustica" bezeichnet. Dies geschah diesmal auf Bestreben der Radiosender. Die Produktionsstätten von akustischer, experimenteller Hörkunst und dem von der Sprache dominierten Hörspiel sollten räumlich getrennt werden, da für die beiden Hörspieltypen unter anderem auch eine unterschiedliche technische Ausstattung der Aufnahmestudios benötigt wurde.

Hörspielgenre:
In Anlehnung an die Literaturtheorie unterscheidet man verschiedene Hörspielgenres, wie z.B. Kriminal-, Fantasy-, Science Fiction- oder Horrorhörspiel, in Hinblick auf ihre Thematik. Hörspieltypen und –genres lassen sich dann wiederum beliebig miteinander kombinieren, so dass z.B. ein Hörspiel über eine Weltumsegelung entweder als Schallspiel oder als Hörspiel mit einem Erzähler umgesetzt werden könnte.

Der Hörspieltyp wäre bei diesem Beispiel also identisch. Die Genres hingegen unterschiedlich.

Hörspiel auf Tonträgern:
Auch für das Hörspiel auf Tonträgermedien gibt es eine Vielzahl von Bezeichnungen, die mehr oder weniger präzise die verschiedenen Arten voneinander unterscheiden. Die Grenzen dabei sind meist fließend. Begriffe wie „Worttonträger", Hörspiel, „Hörbuch", „Audiobook", „Audiobuch" und „Literaturtonträger" werden oft gleichbedeutend verwendet. Die hauptsächlichen Unterscheidungsmerkmale sind jedoch die verschiedenen Tonträger (CD, MC, Festplatte etc.) und die Hörspielgenres. An den verschiedenen Genres orientieren sich auch die von Hörverlagen vorgegebenen Kategorien (Kapitel 2.5 Hörverlage und Hörbuchkategorien).

Worttonträger:
Der Begriff Worttonträger umfasst alle Tonträger, auf denen das gesprochene Wort dominiert. Musikalische Einspielungen sind erlaubt, dürfen jedoch nicht überwiegen. Worttonträger soll als Abgrenzung zum Begriff Musiktonträger stehen. Die Definition des

Begriffs Worttonträger wird jedoch schon in solchen Fällen ungenau, wenn z. B. Hörspieltypen, wie die Ars Acustica, also reine Schallspiele mit einem Minimum an Wortbeiträgen auf Tonträgern veröffentlicht werden.

Hörbuch, Literaturtonträger, Audiobook, Audiobuch:

Die Begriffe Hörbuch, Literaturtonträger, Audiobook, bzw. Audiobuch könnten auf den ersten Blick darauf hindeuten, dass es sich hierbei nur um Worttonträger handelt, die eine literarische Vorlage haben und von einem Sprecher vorgetragen werden. Obwohl Wortteile, wie „-buch" oder „Literatur-", genau darauf hindeuten, werden diese Begriffe jedoch appellativisch, als Oberbegriff für Hörspiele, Lesungen, Vorträge (auf Tonträgern), etc., also auch gleichbedeutend mit dem Begriff Worttonträger verwendet. Die Bezeichnungen Literaturtonträger und Audiobuch werden eher selten benutzt, wohingegen die Begriffe Hörbuch und das aus dem amerikanischen entlehnte Wort Audiobook von Verlagen eingeführt wurden und ebenso von den Rezipienten gebraucht werden.

1 Die Geschichte des Rundfunkhörspiels in Deutschland bis 1945 und in der BRD bis zur Gegenwart

Die Geschichte des Hörspiels im Rundfunk begann zu einer Zeit, als Informationen und Unterhaltung noch durch das geschriebene Wort und das Theater vermittelt wurden, also durch gelesene Sprache und visuelle, in Verbindung mit akustischer Rezeption. Für die Menschen am Anfang des 20. Jahrhunderts war das Hörspiel eine völlig neue Form der Unterhaltung. Dies hing auch unmittelbar mit der Faszination für das neue Medium Rundfunk zusammen.

Die Bereitschaft zur akustischen Rezeption von Literatur und die Nachfrage nach Rundfunkhörspielen seitens des Publikums ist seit der Entstehung von Hörspielen abhängig von den technischen Entwicklungen und den damit verbundenen Möglichkeiten der Produktion und Präsentation.

Seit der Rezitation von Heinrich Heines „Seegespenst", das als erster „Wortbeitrag" im deutschen Radio 1923 gesendet wurde und Hans Fleschs „Zauberei auf dem Sender", das als erstes Hörspiel 1924 über den Äther ging,[2] hat das Hörbuch in Deutschland bis heute eine Entwicklung mit Höhen und Tiefen, in bezug auf seine Popularität, Beliebtheit und Qualität hinter sich gebracht. Zwar konnte es sich nicht immer gegenüber anderen Medien, wie z.B. dem Fernsehen, behaupten, jedoch gelang es den Hörspielkreativen und Produzenten stets ein Publikum zu erreichen, dass sich für die Hörkunst begeistern konnte.

Gerade in den Anfängen des deutschen Hörspiels, wurde bereits eine wichtige Basis geschaffen, die grundlegend für die weitere Entwicklung der Hörkunst war.

Deshalb sollen nun zunächst diese ersten Jahre der Entstehung des Hörspiels näher betrachtet werden. Wie wurde seitens des Publikums und der Kritiker die neue Hörliteratur aufgenommen und wie sahen die frühen Produktionsformen und Hörspieltypen aus?

---

[2] Schanze, Helmut (Hg): Metzler Lexikon. Medientheorie. Medienwissenschaft. Stuttgart: Verlag J. B. Metzler. 2002. S. 140.

1.1 Die Anfänge des Hörspiels im Deutschland der Weimarer Republik von 1923 bis 1933

Am 29. Oktober 1923 startete das deutsche Rundfunkwesen unter der Kontrolle des Reichstelegraphenamtes[3] mit der einstündigen Unterhaltungssendung die „Deutsche Stunde" aus dem „Vox-Haus" in Berlin. Als Wortbeitrag und Hörspiel wurden 1923 und 1924, die bereits erwähnten Beiträge von Hans Flesch und die Rezitation von Heinrich Heines „Seegespenst" urgesendet. Während Fleschs „Zauberei auf dem Sender" sich noch selbstreflexiv mit Störungen des Sendebetriebs beim Rundfunk beschäftigte, wurde als erstes literarisches Hörspiel Rolf Gunolds „Spuk", angelehnt an romantische Grusel- und Gespenstermotive E.T.A. Hoffmanns, am 21. Juli 1925 in der „Schlesischen Funkstunde Breslau" gesendet.[4] Bereits 1910 erschienen erste klassische Gedichte auf Schallplatte. Diese Form der Präsentation von Hörspielen fand jedoch in der Folgezeit keine Beachtung.[5] Demnach war aber also nicht das Radio das erste Medium für Hörspiele in Deutschland, sondern ein Tonträger, der für das Hörspiel der 70-er Jahre in technisch verbesserter Form von großer Bedeutung werden sollte: die Schallplatte. Nichtsdestotrotz war der Rundfunk in den Anfängen des Hörspiels die Produktionsstätte und das dominierende Medium, das für die weitere Entwicklung und Verbreitung verantwortlich war. Empfangen wurde das Rundfunkprogramm zunächst mit Hilfe von Detektorempfängern und Kopfhörern, später dann mit Röhrenempfängern, die über integrierte Lautsprecher verfügten.Die erste Hörspieldefinition stammt von dem Kritiker und Redakteur Hans Siebert von Heister, der das Hörspiel als das *arteigene Spiel des Rundfunks* bezeichnete. Sie wurde 1924 in seiner Zeitschrift „Der deutsche Rundfunk" veröffentlicht.

---

[3] URL: www.kreimeier-online.de/Mediengeschichte_18.htm
[4] Krug, Hans-Jürgen: Kleine Geschichte des Hörspiels. Konstanz: UVK Verlagsgesellschaft. 2003. S. 14.
[5] URL: www.ifak-kindermedien.de/pdf/hoerbuecher.pdf: Heidtmann, Horst: "Laß lesen!" Literaturtonträger in Öffentlichen Bibliotheken. - Mediale Aspekte, Untersuchungen zu Angebot und Nutzung. In: Buch und Bibliothek Heft 2. 1994. S. 140- 149.

Aber auch andere Begriffe wie „Funkspiel", „Funkdrama" oder „Sendespiel" wurden für das neue Genre verwendet.[6]

Um sich der Bedeutung des Hörspiels der 20-er und 30-er Jahre als politisches Mittel, sowie der Unterhaltung einer schnell zunehmenden Hörerschaft bewusst zu werden, ist es notwendig, die sozialgesellschaftlichen und ökonomischen Verhältnisse, sowie den Kulturauftrag, den man in der Sendung von Hörspielen sah, zu erläutern.

Als in Deutschland das Radio und damit wenig später auch das Hörspiel eingeführt wurde, herrschte eine Weltwirtschaftskrise und in der jungen Weimarer Republik 50% Arbeitslosigkeit. Die Bevölkerung litt Hunger als eine Folge der Inflation, *die ein Brot ganz offiziell 5000 Millionen Mark kosten ließ.*[7]

Die neue Technologie des Rundfunks wurde vom Staatssekretär des Reichspostministeriums Hans Bredow als ein befreiendes Wunder *in einer Zeit der tiefsten wirtschaftlichen und seelischen Not* begrüßt. *Und es ist verständlich, dass der nach Nahrung hungernde Teil der Menschheit sich in Massen zum Radio drängt.*[8] So fährt Bredow in seinen Ausführungen zum Rundfunk fort. Der Rundfunk und das Hörspiel dienten demnach als politisches Mittel zur Beruhigung und zur Motivation der Massen. Also geistige Nahrung und Unterhaltung als Surrogat für den empirisch hungernden Menschen?

Doch dieser Einsatz als politisches Mittel war sicherlich nicht die primäre Intention, die hinter der Einführung des Radios und dem Hörspiel stand. Seitens der Politik wurde die Chance ergriffen, einen Erfolg der Wissenschaft während einer wirtschaftlich prekären Lage präsentieren zu können. Trotzdem wirft dies einen negativen Schatten auf die Anfänge des Hörspiels, da es bewusst als Mittel zur Beruhigung des Volkes eingesetzt wurde. Der Bevölkerung diente das Radio und das Hörspiel tatsächlich als ein willkommener Lichtblick in Zeiten des Hungers und privater ökonomischer Hoffnungslosigkeit, der aber auch gleichzeitig ein positives Licht auf die deutsche Regierung werfen sollte und durch eine Präsentation des

---

[6] Krug, Hans-Jürgen: Kleine Geschichte des Hörspiels. Konstanz: UVK Verlagsgesellschaft. 2003. S. 14.
[7] Ebd. S. 13.
[8] Krug, Hans-Jürgen: Kleine Geschichte des Hörspiels. Konstanz: UVK Verlagsgesellschaft. 2003. S. 14.

technologischen Fortschritts in Deutschland von den bedrückenden Alltagssituationen ablenkte und ein positives Weltbild vermittelte.[9]

Hörstücke nach der Vorlage von Klassikern, wie z.B. Heinrich Heines „Die Weber", die eine mögliche Gesellschaftskritik implizierten, wurden im Rundfunk nicht umgesetzt. So wehrte sich Hans Bredow gegen die Kritik an den oberflächlichen Inhalten des Sendespiels, seitens des kommunistischen Reichtagsabgeordneten Torgler aus dem Jahre 1925, mit den Worten: [...] *alles, was ausgesprochen geschmacklos ist, was die Geister verhetzt und den inneren Frieden stört, sollte dem Rundfunk ferngehalten werden.*[10] Dies ist, im Zusammenhang mit dem oben verwendeten Zitat, ein zwischen den Zeilen stehendes, eindeutiges Bekenntnis für die politische Funktion des frühen deutschen Hörspiels. Das passive Verhalten und die Neutralität der Rundfunkverantwortlichen unter einem apolitischen Deckmantel kam den Regierenden entgegen. 1928 revidierte Bredow seine Aussagen in seinem Essay „Über die Unduldsamkeit", in dem er eben die passive Neutralität des Radios und des Hörspiels kritisierte.[11] Den Kulturauftrag, den sich der Rundfunk selbst zum Ziel setzte, war die Vermittlung *von dem, was Deutschlands große Geister geschaffen haben*[12] in rundfunkgeeigneter Form zu präsentieren und diese Form war das Hörspiel. Gemäß einer Ästhetik des Schönen sollte das „Schöne, Gute und Wahre", dem nach Bildung hungernden Hörer, mit Hilfe der neuen, arteigenen Kunstform des Rundfunks vermittelt werden.

Diese frühen Hörspiele bezeichnete man als Sendespiele. Es wurden nicht eigens originäre Hörspiele für den Rundfunk geschrieben und dort umgesetzt, man bediente sich vielmehr der reichhaltigen Literatur der „großen Geister", die für die Rundfunkaufführung bearbeitet wurden. Die Sprecher trugen ihre Rollen teilweise in Kostümen und Maske vor, um sich selbst besser mit der rein verbal vor-

---

[9] Kälin, Sabine: Die Anfänge des Hörspiels in der Weimarer Republik. Versuch einer Analyse. Stuttgart: Akademischer Verlag. 1991. S. 22.

[10] Soppe, August: Der Streit um das Hörspiel 1924/25. Entstehungsbedingungen eines Genres. Berlin: Verlag Spiess. 1978. S. 53.

[11] Döhl, Reinhard: Das Hörspiel zur NS-Zeit. Geschichte und Typologie des Hörspiels. Darmstadt: Wissenschaftliche Buchgesellschaft.1992. S. 1.

[12] Krug, Hans-Jürgen: Kleine Geschichte des Hörspiels. Konstanz: UVK Verlagsgesellschaft. 2003. S. 14.

getragenen Rolle identifizieren zu können, denn Gestik, Aussehen und Mimik waren in dem neuen Medium Rundfunk obsolet geworden. Doch die Sprecher waren Schauspieler und um ihrer auf die Stimme reduzierten Rolle die nötige Ausdruckskraft zu verleihen, mussten sie sich zunächst an den ihnen bekannten Vortragsformen des Theaters orientieren und für sich ein vertrautes Ambiente schaffen. Die Radiostücke wurden live gesprochen und live übertragen, da ausgereifte Möglichkeiten der Tonspeicherung erst später entwickelt wurden. Dadurch konnten die Sendespiele noch nicht vorproduziert werden. Die mit verteilten Rollen live vorgetragenen Hörspiele hatten also einige Ähnlichkeit mit Theateraufführungen. So ist es nicht weiter verwunderlich wenn auch Theaterstücke adaptiert wurden, um diese den Hörern näher zu bringen. Hörspielregisseure hatten dabei eine ähnliche Funktion wie Dirigenten, da sie nach zahlreichen Proben schließlich bei der Liveaufführung durch Sendboten, Handzeichen und Gesten die Einsätze und Dramaturgie der Sprecher koordinieren mussten. Allerdings sah das Theater in den Radiospielen eine gefährliche Konkurrenz und auch seitens des Rundfunks wurde nach neuen radiospezifischen Formen gesucht, um sich von den alten Medien abzugrenzen.[13] Das Radio unterschied sich vom Theater zwar schon durch seine Technik, die Begrenztheit auf Akustik, und die Tatsache, dass Hörspiele nur einen Teil eines umfassenden Rundfunkprogramms bildeten. Schriftsteller, die sich bereits durch ihre Arbeit für das Theater etabliert hatten und Originalhörspiele verfassten, gab es aber trotz einiger Ausschreibungen nicht. Sendespielvorlagen wurden meist intern, also von Mitarbeitern der Rundfunkhäuser bearbeitet. Bertolt Brecht, der sich für die Hörspielkunst einsetzte, forderte ebenfalls, dass *Werke [...] ausschließlich für das Radio gemacht werden* müssten.[14] Rein auf Töne und Geräusche basierende Hörspiele waren wegen der noch begrenzt ausgereiften Schallplattentechnik nur bedingt möglich. Doch forderten der Rundfunkpionier Hans Flesch und der Berliner

---

[13] Krug, Hans-Jürgen: Kleine Geschichte des Hörspiels. Konstanz: UVK Verlagsgesellschaft. 2003. S. 16.
[14] Brecht, Bertholt: Gesammelte Werke Band 18. Schriften zur Literatur und Kunst. Frankfurt a. M.: Suhrkamp Verlag. 1967. S.122f. In: Krug, Hans-Jürgen: Kleine Geschichte des Hörspiels. Konstanz: UVK Verlagsgesellschaft. 2003. S.22.

Hörspielleiter Alfred Braun eben deren verstärkten Einsatz, um eine Art Hörfilm zu schaffen der sich an den Mitteln des Kinos orientieren sollte. Am 6. März 1926 strahlte die Funkstunde Berlin mit einer Umsetzung dieser Idee den akustischen Film „Der tönende Stein" aus, in dem in kurzen zeitlichen Abständen, dem Filmschnitt nachempfunden, Geräuschkulissen des Alltags gesendet wurden. Dieses frühe Klangexperiment, ein Schallhörspiel ohne Sprache, stieß laut Braun auch bei den Hörern auf eine positive Resonanz.[15] Allerdings war es erst 1928 möglich, Sendungen oder Klangmaterial für die Hörspiele auf wachsbeschichteten Platten aufzuzeichnen, die eine Tonspeicherung in ausreichender Qualität zuließ und die wiederholte Ausstrahlung der Hörspiele bei anderen Sendern ermöglichte.[16] Obwohl 1930 eine Neuerung in der Technik, das sogenannte Tri-Ergon-Verfahren, die Speicherung akustischer Signale auf einer Ton-Licht-Spur, sowie Schnitte und Überblendungen erlaubte, setzte sich das Verfahren aus Kostengründen nicht durch. Für Aus- und Überblendungen verwendete man weiterhin die mechanische Methode, bei der man einen Trichter über das Mikrophon stülpte und langsam wegzog.[17] Tonträger von Hörspielen, wie z.B. Schallplatten wurden für den privaten Gebrauch nicht angeboten. Das Hörspiel wurde zu dieser Zeit einzig durch den Rundfunk definiert und verbreitet. Trotz der teilweise verbesserten technischen Möglichkeiten des Funkspiels, den neuen literarischen Herausforderungen für potentielle Hörspielautoren und den schnell wachsenden Hörerzahlen (1928, über 3 Millionen),[18] distanzierten sich bis 1929 die meisten anerkannten Schriftsteller vom neuen Medium.[19] Sie betrachteten es als trivial,[20] obwohl doch der Rundfunk seinen Kul-

---

15   Krug, Hans-Jürgen: Kleine Geschichte des Hörspiels. Konstanz: UVK Verlagsgesellschaft. 2003. S. 18-19.

16   Kälin, Sabine: Die Anfänge des Hörspiels in der Weimarer Republik. Versuch einer Analyse. Stuttgart: Akademischer Verlag. 1991. S. 32-33.

17   Kälin, Sabine: Die Anfänge des Hörspiels in der Weimarer Republik. Versuch einer Analyse. Stuttgart: Akademischer Verlag. 1991. S. 33.

18   Krug, Hans-Jürgen: Kleine Geschichte des Hörspiels. Konstanz: UVK Verlagsgesellschaft. 2003. S. 24.

19   Schwitzke, Heinz : Das Hörspiel. Dramaturgie und Geschichte. Köln, Berlin: Kiepenheuer und Witsch. 1963. S.65.

20   Krug, Hans-Jürgen: Kleine Geschichte des Hörspiels. Konstanz: UVK Verlagsgesellschaft. 2003. S. 22.

turauftrag im Hörspielbereich, als die Vermittlung einer Ästhetik des Schönen und der Bildung deklamiert hatte.

Ab 1929 sollte sich dies ändern. Allen voran begannen bekannte Autoren, wie z.B. Bertolt Brecht, Alfred Döblin und Hermann Kasack damit, Texte speziell für den Rundfunk zu verfassen. Diese Schriftsteller hatten sich bereits vorher für das Hörspiel interessiert und wirkten enorm bei der Theoriebildung mit. So wies Brecht bereits 1927 darauf hin, dass es notwendig sei, im Bereich des Hörspiels Freiräume für Experimente und dementsprechend spezielle Studios zu schaffen, um das Potential der technischen Apparaturen zu entdecken und zu nutzen.[21] Auch Walter Benjamin beteiligte sich am Entwicklungsprozess des Hörspiels in Theorie und Praxis. Unter anderem mit dem 1931 in der Funk-Stunde Berlin gesendeten und mit Wolf Zucker zusammen entwickelten Hörstück „Wie nehme ich meinen Chef".[22] Hörspiele wurden jetzt so produziert, dass ein Autor die Vorlage lieferte und ein Regisseur diese umsetzte.

Am 28. Juni 1929 sendete die „Schlesische Funkstunde" Brechts „Lindberghflug" live von der öffentlichen Generalprobe.[23] Andere Hörspiele folgten, wie z.B. Eduart Reinachers „Der Narr mit der Hacke", das am 11. Juli 1930 in Köln urgesendet wurde. Dieses durfte, so der Hörspieltheoretiker Heinz Schwitzke, mit seiner inszenierten Verbindung von Wort und Geräusch als echtes Hörspiel gelten, da es beim Hörer jene innere Vorstellungskraft entwickelte, die aus Sprache und Klang Bilder und Gefühle entstehen lassen.[24]

Eines der meistgesendeten war das Kriegshörspiel „Brigadevermittlung" von Ernst Johannsen aus dem Jahre 1929, das in einer unterirdischen Telefonvermittlungszentrale an der Front spielte.[25] Kurios an der Thematik dieses Hörspiels ist es, dass es sich in einer Szene situiert, welche zur Entstehung des Hörfunks überhaupt beigetragen hat. Wie die meisten technischen Neuerungen stammt

---

[21] Schöning, Klaus (Hg.): Hörspielmacher. Autorenporträts und Essays. Königstein: Athenäum Verlag. 1983. S. 14.
[22] URL: www.uni-stuttgart.de/ndl1/benjamin.htm
[23] Krug, Hans-Jürgen: Kleine Geschichte des Hörspiels. Konstanz: UVK Verlagsgesellschaft. 2003. S. 25.
[24] Ebd. S. 26.
[25] Ebd. S. 27.

auch der Funkverkehr aus der Wissenschaft und der Anwendung im militärischen Bereich.[26] Es war also in gewisser Weise selbstreflexiv, wenn auch auf andere Art als Felschs „Zauberei auf dem Sender". Die häufige Wiederholung von Johannsens Hörspiel beruhte aber wahrscheinlich auf der Kriegsthematik selbst. Die noch allgegenwärtige Erinnerung der Bevölkerung an die jüngste Vergangenheit des 1. Weltkrieges wurde mittels dieses Hörspiels künstlerisch aufgearbeitet. Es bezog sich damit auf einen geschichtlichen Aspekt, löste aber auch einen psychologischen Prozess beim Hörer aus, nämlich den der Auseinandersetzung mit möglicherweise traumatischen Erlebnissen und Ereignissen während des Krieges. Aus diesen Gründen wurde das Hörspiel mehr als 50 Mal in elf Ländern gesendet und war damit ein internationaler Erfolg.[27] Weitere Kriegs- und Nachkriegsspiele, wie Wolfgang Möllers „Douaumont" oder Hans Ehrkes „Batallion 18" folgten 1932.

Eine zentrale Rolle im Hörspielprogramm nahmen auch Themen ein, die zeitgenössische Sensationen und Abenteuer als Vorlagen hatten, wie der „Lindberghflug" Brechts und andere Ozeanüberquerungen oder Polarexpeditionen.

Eine reine „Worthörspielform" prägte Herrmann Kasack mit seinem ausschließlich auf den inneren Monolog festgelegten Hörstück „Stimmen im Kampf", das in Berlin am 7. Dezember 1930 urgesendet wurde[28] und gleichzeitig wiederum ein Kriegshörspiel war.

Während das Sendespiel der ersten Jahre Formen und Vorlagen des Theaters und des Films adaptierte und diese akustisch umsetzte, gab es jetzt auch multimediale Vernetzungen, in denen Hörspiele als Vorlagen für Film und Theater dienten. Beispiele hierfür sind Alfred Döblins „Berlin Alexanderplatz", das als Hörspielversion 1930 unter dem Titel „Die Geschichte von Franz Biberkopf" produziert wurde. Das 1929 gesendete „Leben in dieser Zeit", nach einer Vorlage von Erich Kästner wurde 1931 vom alten Theater Leipzig in-

---

[26] Kälin, Sabine: Die Anfänge des Hörspiels in der Weimarer Republik. Versuch einer Analyse. Stuttgart: Akademischer Verlag. 1991. S. 11.
[27] Krug, Hans-Jürgen: Kleine Geschichte des Hörspiels. Konstanz: UVK Verlagsgesellschaft. 2003. S. 27.
[28] Ebd. S. 27.

szeniert.[29] Ab 1930 entwickelten sich sogenannte Arbeitslosenhörspiele. Das, was Hans Bredow wenige Jahre zuvor vermeiden wollte, nämlich polit- und gesellschaftskritische Töne im Rundfunk, wurde nun praktiziert. Karl August Düppengießers Hörspiel „Toter Mann" wurde am 23. Oktober 1931 in Köln von der WERAG gesendet. Dies geschah unter dem ersten Intendanten der WERAG Ernst Hardt, der an einen ethisch-humanen Rundfunk glaubte. Es sollten Emotionen freigesetzt werden und das Hörspiel sollte helfend und belehrend wirken. Weitere Funkspiele folgten und näherten sich dabei den Formen der szenischen Reportage der heutigen Zeit an, wie die Produktionen nach Vorlagen der Journalisten Kurt Wagenführ[30] oder Erich Lüth.[31] Diese Hörspiele waren politisch eher links orientiert und wurden trotz großem Zuspruch seitens der Hörerschaft teilweise schon nach einmaliger Sendung abgesetzt. Durch das 1. Reichsfunkgesetz von 1926 unterlag der gesamte Rundfunk immer noch, durch einen kulturellen Beirat und einen politischen Überwachungsausschuss, der Kontrolle und Zensur des konservativen Reichsinnenministeriums. Letzteres betrachtete das nationale Interesse als zentrale Angelegenheit. Obwohl eigentlich als überparteilich und unpolitisch deklariert, zeigten sich in der Medienpolitik des Rundfunks schon vor der Machtübernahme des Hitler-Regimes rechte und nationalistische Tendenzen.[32] Ein immer weiter fortschreitender Vertrauensverlust in die Demokratie und die neue Regierung (nach dem Ausscheiden der SPD) unter Reichskanzler Brüning (1930), die sich nicht mehr als eine parlamentarische, sondern *als eine Regierung über den Parteien*[33] verstand, ebneten unter anderem Hitler den Weg an die Macht. Durch die, auf Drängen Brünings von Reichspräsident Hindenburg angesetzten Neuwahlen, kam es zu einer starken Polarisierung innerhalb des Parlaments.

---

[29] Ebd. S. 33.

[30] Pseudonym: Otto Berg

[31] Krug, Hans-Jürgen: Kleine Geschichte des Hörspiels. Konstanz: UVK Verlagsgesellschaft. 2003. S. 28.

[32] Kälin, Sabine: Die Anfänge des Hörspiels in der Weimarer Republik. Versuch einer Analyse. Stuttgart: Akademischer Verlag. 1991. S. 26.

[33] Deutscher Bundestag, Referat Öffentlichkeitsarbeit (Hg.): Fragen an die deutsche Geschichte. Ideen, Kräfte, Entscheidungen von 1800 bis zur Gegenwart. Historische Ausstellung im Reichstagsgebäude in Berlin. Katalog. Stuttgart: Kohlhammer. 1988. S. 270 ff.

KPD und NSDAP erlangten eine starke Sitzverteilung. Dies führte bei Abstimmungen dazu, dass die beiden gegnerischen Parteien Mehrheitsbeschlüsse unmöglich machten.

Im Rundfunk machte sich die Verschiebung der Machtverhältnisse ebenfalls bemerkbar. Bereits 1931 beanspruchte Goebbels den Einfluss der Partei auf die Rundfunkverwaltung, was aber noch abgewehrt werden konnte. 1932 wurde der Berliner Intendant Hans Flesch aus politischen Gründen entfernt. Die Fraktion der NSDAP verlangte ebenso die Absetzung Bredows. Es kam zu weiteren Konflikten zwischen der Rundfunkverwaltung und der NSDAP. Der Wunsch der Nationalsozialisten, wichtige Posten im Rundfunk mit den eigenen Leuten zu besetzten, deutete schon die Bestrebungen zur späteren Gleichschaltung an.

Die Anfänge des Hörspiels in der Weimarer Republik waren geprägt von seiner vielseitigen Umsetzung und dem ständigen Experimentieren mit dem neuen Medium und seinen Möglichkeiten. Ob als akustisches Schallspiel, wenn auch mit begrenzten technischen Voraussetzungen, als literarisches Hörspiel oder als Sendespiel, in Anlehnung an das Theater, viele der innovativen Ansätze aber auch die bereits realisierten und verschiedensten Ausprägungen des Hörspiels fanden ihr vorläufiges Ende mit Hitlers Machtergreifung. Die bereits entwickelten Formen des Hörspiels wurden teilweise erst Jahrzehnte nach der NS-Zeit wieder neu aufgegriffen.

Wie in diesem Kapitel schon dargestellt wurde, dienten der Rundfunk und das Hörspiel bereits in der Weimarer Republik als Instrumente der politischen Meinungsbildung. Dieses Instrumentarium musste nur noch okkupiert und perfektioniert werden.[34] Am 30. Januar 1933 übernahm Hitler die Macht und damit auch den Rundfunk und die Hörspielproduktion, die ihm in den folgenden Jahren in pervertierter Form als Propagandamittel dienen sollten.[35]

---

[34] Wessels, Wolfram: Hörspiele im Dritten Reich. Zur Institutionen-, Theorie- und Literaturgeschichte. Bonn: Bouvier Verlag. 1985. S.37.
[35] Döhl, Reinhard: Das Hörspiel zur NS-Zeit. Geschichte und Typologie des Hörspiels. Darmstadt: Wissenschaftliche Buchgesellschaft.1992. S. 3.

1.2 Das Hörspiel als Instrument der nationalsozialistischen Propaganda

Für den Rundfunk bedeutete der Machtwechsel zunächst vor allem in personeller Hinsicht eine Zäsur. Zahlreiche Rundfunkleiter und andere Mitarbeiter wurden entlassen oder in das Konzentrationslager Oranienburg deportiert. Darunter befand sich auch Hans Flesch. Im September 1933 wurden Flesch und seine Kollegen, zusammen mit Hans Bredow in verschiedene Untersuchungsgefängnisse überführt. Drei Rundfunkleiter begingen Selbstmord.[36] Im Hörspielbereich blieben jedoch *der größte Teil der Spielleiter, Dramaturgen und literarischen Leiter im Dienst.*[37] Das Hörspiel wurde Teil eines Propagandaapparates, der vom „Reichsministerium für Volksaufklärung und Propaganda" gesteuert wurde und dessen zentrale und mächtigste Figur Joseph Goebbels war.[38]

Obwohl Hermann Kasacks Arbeitslosenhörspiel „Der Ruf", das bereits 1932 erfolgreich über den Äther ging, 1933 in überarbeiteter Form wieder mit ähnlich positiver Publikumsresonanz gesendet wurde, erhielt der Autor wegen des Protestes gegen die Umarbeitung seines Werks Sendeverbot.[39] Kasacks Werk war prädestiniert für Hitlers Propagandazwecke, beinhaltete es doch bereits konservativ-liberale Inhalte, die deutliche Affinitäten zum nationalsozialistischen Welt- und Menschenbild zeigten. Otto-Heinz Jahn änderte einige Passagen und integrierte in den Schlussteil das Horst Wessel-Lied, sowie eine Hitlerrede.[40] Andere Hörspielautoren, wie Brecht oder Döblin wurden ebenfalls nicht mehr gesendet und flohen in Erwartung massiver Repressionen ins Exil.

Doch es gab auch Autoren der Weimarer Zeit, die im Bereich des literarischen Hörspiels für die neue Regierung tätig waren und eine

---

[36] Döhl, Reinhard: Das Hörspiel zur NS-Zeit. Geschichte und Typologie des Hörspiels. Darmstadt: Wissenschaftliche Buchgesellschaft.1992. S. 4.
[37] Krug, Hans-Jürgen: Kleine Geschichte des Hörspiels. Konstanz: UVK Verlagsgesellschaft. 2003. S. 39.
[38] Döhl, Reinhard: Das Hörspiel zur NS-Zeit. Geschichte und Typologie des Hörspiels. Darmstadt: Wissenschaftliche Buchgesellschaft.1992. S. 84-85.
[39] Kälin, Sabine: Die Anfänge des Hörspiels in der Weimarer Republik. Versuch einer Analyse. Stuttgart: Akademischer Verlag. 1991. S. 95.
[40] Ebd. S. 99.

erstaunliche Produktivität entwickelten. Eduard Reinacher, der Autor von „Der Narr mit der Hacke" oder Ernst Johannsen, der das Hörspiel „Brigadevermittlung" verfasst hatte, schrieben nun für den Propagandarundfunk. Günter Eich wurde mit über fünfzig Hörspielen zwischen 1933 und 1940 einer der populärsten Hörspielautoren.[41]

Experimental- und Schallspiele, wie Alfred Brauns „Der tönende Stein" durften nicht mehr übertragen werden, da sie für die Nationalsozialisten in den Bereich der sogenannten „entarteten" Kunst fielen. Zudem konnten diese, am avantgardistischen Experimentalfilm orientierten Radiokunstwerke, da sie rein ästhetisch wirksam waren (l'art pour l'art),[42] keine Funktion für das Hitler-Regime erfüllen. Mit ihnen war es nicht möglich, eindeutige Aussagen und Inhalte der nationalsozialistischen Propaganda zu vermitteln, wie dies z.B. mit Hilfe der ästhetizistischen Filme Leni Riefenstahls gelang. Wie alle anderen Bereiche des Rundfunkprogramms, so diente auch das Hörspiel nunmehr einer nationalsozialistischen Kulturauffassung von *Form und Funktion*, als *Träger einer Leistung*.[43] So erläuterte Dr. E. Kurt Fischer, der neue Programmleiter der WERAG die Ziele des Rundfunks folgendermaßen: *Planmäßige Erziehung des Einzelnen zur tätigen Mitarbeit in einer wirklichen Volksgemeinschaft[...] Alle Abteilungen bedienen sich aller funkischen Darstellungsmittel,[...] Die Formen sind funkisches Geimeingut, der Inhalt bestimmt jeweils die Wahl der Form.*[44] An diese Vorgaben hielten sich die Hörspielautoren und Hörspielregisseure. Da einige renommierte Hörspielmacher inhaftiert oder ins Ausland geflohen waren, kamen nun auch neue Hörspielschriftsteller zum Rundfunk, wie z.B. Peter Huchel oder Horst

---

[41] Krug, Hans-Jürgen: Kleine Geschichte des Hörspiels. Konstanz: UVK Verlagsgesellschaft. 2003. S. 41.

[42] Kälin, Sabine: Die Anfänge des Hörspiels in der Weimarer Republik. Versuch einer Analyse. Stuttgart: Akademischer Verlag. 1991. S. 65.

[43] Döhl, Reinhard: Das Hörspiel zur NS-Zeit. Geschichte und Typologie des Hörspiels. Darmstadt: Wissenschaftliche Buchgesellschaft.1992. S. 48.

[44] WERAG 8 (1933), H.22, S.3. In: Döhl, Reinhard: Das Hörspiel zur NS-Zeit. Geschichte und Typologie des Hörspiels. Darmstadt: Wissenschaftliche Buchgesellschaft.1992. S. 48-49.

Lange.⁴⁵ Die Anzahl der Hörer blieb in den ersten Jahren konstant bei sechs bis sieben Millionen. Die Hörspiele begannen zur besten Sendezeit, zwischen 19 und 20 Uhr und konnten dann in ihrer Ausstrahlungslänge durchaus abendfüllend sein.⁴⁶ *Das Hörspiel lebt und wird so lange eine nicht zu übersehende Tatsache sein, wie es einen Hörfunk geben wird* schrieb der regimekonforme Ernst Johannsen 1934.⁴⁷ Um den Empfang für alle zu gewährleisten und damit möglichst viele Menschen von dem Propagandaradioprogramm erreicht werden konnten, führte man 1933 die sogenannten „Volksempfänger" ein. Der Preis für ein solches Gerät belief sich auf 65 RM.⁴⁸ Die Reichsmark wurde 1924 für die bereits erwähnte, völlig entwertete Mark, mit einem Wechselkurs von eine Billion zu eins eingeführt und war wieder eine „harte" Währung von entsprechendem Wert.⁴⁹ Eine Reichsmark entsprach, in heutige Verhältnisse übertragen, ungefähr der Kaufkraft von 10 Euro.⁵⁰

Das nationalsozialistische Propagandahörspiel teilt Friedrich Knilli in drei Hörspieltypen ein. Die „Gemeinschaftsspiele", die „chorischen Hörspiele" und die „Kurzhörspiele".⁵¹ Gemeinschaftsspiele setzten auf die Breitenwirkung im Publikum und waren, der nationalsozialistischen Ideologie folgend, Appelle an die *gemeinsame deutsche Volksseele,*⁵² indem man z.B. den Germanenkult thematisierte. Die Zuhörer sollten auf ein nationales Denken eingeschworen werden. So wurde Richard Euringers „Deutsche Passion 1933" am 13. April 1933 in der Sendung „Stunde der Nation" über alle deutschen Sender ausgestrahlt und war auch in seiner weiteren multimedialen

---

45   Krug, Hans-Jürgen: Kleine Geschichte des Hörspiels. Konstanz: UVK Verlagsgesellschaft. 2003. S. 41.
46   Ebd. S.44 ff.
47   Johannsen, Ernst: Zur Dramaturgie des Hörspiels. In: Rufer und Hörer. 2/1934. s. 75. In: Krug, Hans-Jürgen: Kleine Geschichte des Hörspiels. Konstanz: UVK Verlagsgesellschaft. 2003. S. 42.
48   URL: www.oldradioworld.de/volksd.htm
49   URL: de.wikipedia.org/wiki/Reichsmark
50   URL: www.zeit.de/2003/20/Feldpostp_8ackchen
51   Knilli, Friedrich: Das Hörspiel. Stuttgart: Kohlhammer Verlag. 1961. S. 16.
52   Krug, Hans-Jürgen: Kleine Geschichte des Hörspiels. Konstanz: UVK Verlagsgesellschaft. 2003. S. 43.

Verarbeitung als Theaterstück und Buch sehr populär.[53] *Das Charakteristische des nationalsozialistischen Hörspiels war die Darstellung typisch deutscher Verhaltensweisen und sein Erfolg begründete sich in der durch bestimmte Stoffe ausgelösten starken Propagandawirkung.*[54]

Auch die chorischen Hörspiele zielten auf die Vermittlung des nationalen Bewusstseins aber sie transportierten ihren Propagandainhalt durch den Einsatz von chorischen Partien, wie z.B. ekstatischen Rufen, Geräusche und Musikpassagen. Eine triviale, aber *reißerische Sinnenhaftigkeit*, wobei der Text nur hohle Phrase war.[55] Hörspieltitel, wie z.B. „Der Weg zum Reich", von E.W. Möller, „Schau wohin die Sonnenadler schweben", von Ottoheinz Jahn oder „Mysterium, die Geburt des Reiches", von einem unbekannten SA-Mann verfasst,[56] sind bezeichnend für die nationalsozialistische Sprachmetaphorik und den *ideologischen Kitsch*[57] des Propagandahörspiels. Als Beispiel dafür folgt an dieser Stelle ein kleiner Abschnitt aus „Mysterium, die Geburt des Reiches".

>Der Chor: Aus dem Blut der Gefallenen steigt Kraft zur Vergeltung.
>
>Stimme: Gold!
>
>Der Chor: Es werden die Schwerter aus Stahl geschmiedet.
>
>Stimme: Ketten!
>
>Der Chor: Sie binden den Knecht, doch niemals den Mann.
>
>Stimme: Mord!
>
>Der Chor: Der Träger fällt, die Fackel leuchtet.
>
>Wieder das Deutschlandmotiv, diesmal in Dur, ganz leise verwehend. Den letzten schwingenden Ton nimmt das Horn auf, gibt ihn an die Orgel ab. Kurzes Spiel auf der Orgel endet mit einem zarten Akkord.[58]

---

[53] Ebd. S. 43.
[54] www.uni-stuttgart.de/ndl1/tannewitz.htm
[55] Döhl, Reinhard: Das Hörspiel zur NS-Zeit. Geschichte und Typologie des Hörspiels. Darmstadt: Wissenschaftliche Buchgesellschaft. 1992. S. 51.
[56] Ebd. S. 51.
[57] URL: www.uni-stuttgart.de/ndl1/tannewitz.htm
[58] URL: www.uni-stuttgart.de/ndl1/tannewitz.htm

Bis zum Kriegsbeginn 1939 dominierten im Radioprogramm noch Gemeinschaftshörspiel und chorisches Hörspiel. Aber auch Kurzhörspiele wurden schon gesendet.[59] Während des Krieges beschränkte man sich nur noch auf die Ausstrahlung von Kurzhörspielen. Als erstes dieser Art galt Werner Plückers „Die Münchener Geiselmorde" aus dem Jahre 1933. Kurzhörspiele wurden meist als Teil einer Serie produziert und hatten vor dem Krieg die Funktion der *geistigen Mobilmachung,* der Bekämpfung von Spionage und überhaupt der Vorbereitung auf den Krieg. Das geht bereits aus den Titeln, wie „Fliegeralarm", „Fliegerbomben" oder „Der Krieg im Dunkeln" deutlich hervor.[60]

Ab 1938 gab es im Rundfunk nur noch die Gattung des Kurzhörspiels und der Anteil desselben am gesamten Radioprogramm sank auf weniger als ein Prozent. Ein großer Teil der Hörspielmitarbeiter, darunter auch Günter Eich, musste zum Militär oder fand beim Film ein neues Betätigungsfeld, wie z. B. Ottoheinz Jahn.[61] Die Bevorzugung des Kurzhörspiels gegenüber den anderen Hörspielarten lag in dessen Vorteil begründet, dass es von den Hörern nebenbei rezipiert werden konnte, Informationen und Propaganda knapp und eingängig transportierte und den Rundfunkteilnehmer intellektuell nicht überforderte.[62] Bei den Bemühungen um ein literarisches Kurzhörspiel wird diese Form der Gattung folgendermaßen definiert:

Im Gegensatz zu den üblichen Hörspielen kommt es bei ihnen „nicht so sehr auf die Figuren und die dramatische Entwicklung, um so mehr aber auf die erregende Situation an." Sie ist das dramaturgische Fundament des Kurzhörspiels. Außerdem müssen sich die drei Einheiten der Bühne, des Ortes, der Zeit und der Handlung genau eingehalten werden , um den Hörer in der kurzen zur Verfügung stehenden Zeit nicht gänzlich zu verwirren.[63] Das literarische

---

59 URL: www.uni-stuttgart.de/ndl1/tannewitz.htm
60 Wessels, Wolfram: Hörspiele im Dritten Reich. Zur Institutionen-, Theorie und Literaturgeschichte. Bonn: Bouvier Verlag. 1985 S. 503 ff.
61 Krug, Hans-Jürgen: Kleine Geschichte des Hörspiels. Konstanz: UVK Verlagsgesellschaft. 2003. S. 44.
62 Wessels, Wolfram: Hörspiele im Dritten Reich. Zur Institutionen-, Theorie und Literaturgeschichte. Bonn: Bouvier Verlag. 1985. S. 504.
63 Ebd. S. 505.

Kurzhörspiel sollte so als Ersatz für die geschlossenen Theater dienen. Und wieder wurden, wie in den Anfängen des Hörspiels zur Weimarer Zeit Klassiker adaptiert, um Deutschlands hochentwickelte Bühnenkultur lebendig zu halten, so der Münchener Dramaturg Wilfried Feldhütter.[64] Feldhüter degradierte damit das Hörspiel zu einer Art „Medienkonserve" des Theaters, im Gegensatz zu Hans Siebert von Heister der es noch 1924 als die arteigene Kunst des Rundfunks bezeichnet hatte. Abgesehen davon wurden schließlich Ende 1944 kaum noch Hörspiele gesendet. Eines der letzten, das das NS-Radio ausstrahlte, war eine Rundfunkfassung von Goethes „Faust".[65]

Das deutsche Hörspiel blieb jedoch anderen Orts weiterhin lebendig. Viele deutsche Autoren flohen ins ausländische Exil. Ihre Hörspiele wurden in deutscher Sprache mit Hilfe der dortigen Sender produziert.[66] Damit entstand das sogenannte „Exilhörspiel", das, mit seiner ebenfalls meist politischen Motivation, interessante Ausprägungen und Produktionsformen entwickelte.

1.2.1 Das Exilhörspiel in der Zeit des Nationalsozialismus

Zu den bekanntesten Exilhörspielen gehörten Anna Seghers „Prozess der Jeanne d'Arc zu Rouen 1431", das 1937 gesendet wurde, ebenso wie Ernst Ottwalds „Kalifornische Ballade", aus dem Jahre 1939. Beide wurden im flämischen Programm des belgischen Rundfunks ausgestrahlt. Auch ein von Bertolt Brecht verfasstes Hörspiel mit dem Titel „Lukullus vor Gericht" wurde am 12. Juni 1940 von Radio Beromünster übertragen.

Das wichtigste für die Exilanten selbst war dabei wohl die Bemühung der Aufrechterhaltung eines nicht faschistischen kulturellen Deutschlandbildes. Seghers wählte wohl auch in der Absicht einer Hommage auf eine historische Figur ihres Gastlandes Frankreich,

---

[64] Krug, Hans-Jürgen: Kleine Geschichte des Hörspiels. Konstanz: UVK Verlagsgesellschaft. 2003. S. 45.
[65] Ebd. S. 46.
[66] Krug, Hans-Jürgen: Kleine Geschichte des Hörspiels. Konstanz: UVK Verlagsgesellschaft. 2003. S. 46.

den Stoff der Jeanne d'Arc als Vorlage für ihr Hörspiel.[67] So schrieb Anna Seghers am März 1939 an G. Lukácz: *Unser Hauptfeind ist der Faschismus. Wir bekämpfen ihn mit allen physischen und intellektuellen Kräften.*[68] Der Kampf gegen den Faschismus selbst wurde thematisiert, z.b. in Walter Mehrings Hörspiel über den norwegischen Widerstand gegen die Nationalsozialisten, das 1943 von einem New Yorker Sender ausgestrahlt wurde.

Anhand dieses letzten Beispiels wird schon deutlich, welchen Zweck die Exilhörspiele ebenfalls erfüllten, nämlich den der Gegenpropaganda. Genauso wie andere deutsche Exilkünstler (z.B. Marlene Dietrich, als Schauspielerin und Sängerin), arbeiteten auch ins Ausland geflohene deutsche Hörspielkünstler für die Gegenpropaganda und schrieben Hörspiele für den dortigen Rundfunk.[69]

Das Exilhörspiel als Mittel der Gegenpropaganda lässt sich wiederum in zwei verschiedene Formen unterteilen. Zum einen in Gegenpropagandahörspiele, die auch von der Bevölkerung in Deutschland selbst empfangen werden konnten und zum anderen in solche, und dies gilt besonders für die Hörspiele in den USA, die für die dortige deutschsprachige, bzw. deutschstämmige Bevölkerung gedacht waren.

Einerseits standen *viele Deutsch-Amerikaner dem Nationalsozialismus eher gleichgültig gegenüber.*[70] Andererseits konnte sich jeder, der über das nötige Geld verfügte, Sendezeit kaufen. So lässt sich vermuten, dass sich die deutschsprachigen Hörspiele der amerikanischen Propaganda an deutsch-amerikanische Hörer richtete. Gleichzeitig wandten sie sich gegen deutsche Programme im amerikanischen Rundfunk, die sich nicht durch eindeutig antinationalsozialistische Tendenzen auswiesen oder sich positiv zum Thema Nazi-Deutschland äußerten.[71]

---

[67] Döhl, Reinhard: Das Hörspiel zur NS-Zeit. Geschichte und Typologie des Hörspiels. Darmstadt: Wissenschaftliche Buchgesellschaft. 1992. S. 166.
[68] URL: golm.rz.uni-potsdam.de/Seghers/paris/arbeit.htm
[69] Döhl, Reinhard: Das Hörspiel zur NS-Zeit. Geschichte und Typologie des Hörspiels. Darmstadt: Wissenschaftliche Buchgesellschaft. 1992. S. 177.
[70] Döhl, Reinhard: Das Hörspiel zur NS-Zeit. Geschichte und Typologie des Hörspiels. Darmstadt: Wissenschaftliche Buchgesellschaft. 1992. S. 181.
[71] Ebd. S. 181-182.

Hörspiele der Gegenpropaganda, die sich an die Bevölkerung in Deutschland oder an deutsche Soldaten richteten, wurden hauptsächlich von dem englischen Sender BBC produziert und übertragen. So wurden z.B. Hitlers Rundfunkansprachen, die die BBC mitgeschnitten hatte so montiert, dass sich Hitler in der Dialog-Hörspielserie „Hitler versus Hitler" in seinen eigenen widersprüchlichen Aussagen verstrickte und damit entlarvt wurde. Diese Serie wurde mit Hilfe des österreichischen Emigranten Robert Lucas produziert.[72]

Akustische Montage und Schnitt, wie sie gerade bei einer solchen Art der Bearbeitung von Tonmaterial notwendig waren, konnten angewendet werden, nachdem *1935 das erste ausgereifte Tonbandgerät der Welt, das „Magnetophon K1", auf der Berliner Funkausstellung präsentiert worden war.*[73] Es ist erstaunlich, dass gerade die Exilanten die neuen Möglichkeiten dieser Technik nutzen konnten, wohingegen in Deutschland Tonbänder erst nach dem Ende des 2. Weltkriegs effektiv eingesetzt wurden.[74]

Ein anderer Autor, der für das deutschsprachige Programm der BBC Hörspiele schrieb, war der Schriftsteller Bruno Adler. In seiner Serie „Kurt und Willi", ließ er den über die nationalsozialistische Regierung in Zweifel geratenen Oberstudienrat „Kurt Krüger", mit dem Ministerialrat „Willi Schimanski", der ein Geschöpf der Propaganda darstellte, die Lage in Hitler-Deutschland diskutieren.[75]

Aber auch der Krieg über die Ätherwellen des Exilhörspiels endete, so wie die Hörspielpropaganda in Deutschland, mit der bedingungslosen Kapitulation Deutschlands am 7.5.1945, dem Ende des 2. Weltkriegs und damit dem Ende des nationalsozialistischen Regimes.

Für das Hörspiel in Deutschland bedeutete das Ende des Krieges die Chance auf einen Neubeginn.

---

[72] Ebd. S. 180.
[73] URL: www.ib.hu-berlin.de/~wumsta/infopub/textbook/umfeld/rehm10.html
[74] Kälin, Sabine: Die Anfänge des Hörspiels in der Weimarer Republik. Versuch einer Analyse. Stuttgart: Akademischer Verlag. 1991. S. 33.
[75] Döhl, Reinhard: Das Hörspiel zur NS-Zeit. Geschichte und Typologie des Hörspiels. Darmstadt: Wissenschaftliche Buchgesellschaft. 1992. S. 180.

1.3 Das deutsche Hörspiel der Nachkriegszeit von 1945 bis 1960

Eine neue Blütezeit des deutschen Hörspiels konnte zu einem Zeitpunkt entstehen, als Theater und Kinos geschlossen und Zeitungen und Bücher rar waren. Der Hörfunk war das einzige konkurrenzlose Medium. Das Hörspiel war Theater- und Filmersatz.[76] Mit der Eröffnung des Hörspielprogramms im September 1945 durch den NWDR, mit Carl Zuckmayers Adaption „Der Hauptmann von Köpenick", stellte der Rundfunk unmittelbar nach dem Krieg zunächst das einzige Medium dar, das die Rezeption von Kunst, Kultur und Literatur ermöglichte.

Das Radioprogramm stand jedoch zu diesem Zeitpunkt unter dem Einfluss der westlichen Siegermächte. Wie z.B. auch die Zeitungen, diente der Hörfunk den Alliierten Besatzungsmächten als Instrument der politischen Bildung und zur Demokratisierung der deutschen Bevölkerung. Um aber zu gewährleisten, dass die Mittel des Rundfunks, also auch das Hörspiel, nicht von staatlicher oder privater Seite zur Beeinflussung der öffentlichen Meinungsbildung missbraucht werden konnten, war es eines der Hauptziele des Besatzungsmächte *einen möglichst souveränen und unabhängigen Status für die Sendeanstalten zu installieren.*[77] Wie wichtig die Formulierung des Art. 5. des deutschen Grundgesetzes zur Gewährleistung von Pressefreiheit und Freiheit des Rundfunks war, zeigen Versuche der politischen Manipulation mit Hilfe des Rundfunks in der Ära Adenauer (1949 – 1963)[78] nach der Staatsgründung der BRD am 23. Mai 1949. *Was über das Verhältnis Adenauers zur Presse gesagt worden ist, dass er in ihr keinen Partner, sondern ein Werkzeug sah, das dazu da war,*

---

[76] Krug, Hans-Jürgen: Kleine Geschichte des Hörspiels. Konstanz: UVK Verlagsgesellschaft. 2003. S. 47.

[77] Bloom, Margret: Die westdeutsche Nachkriegszeit im literarischen Original-Hörspiel. Frankfurt a. M.: Verlag Peter Lang. 1985. S. 86.

[78] Deutscher Bundestag, Referat Öffentlichkeitsarbeit (Hg.): Fragen an die deutsche Geschichte. Ideen, Kräfte, Entscheidungen von 1800 bis zur Gegenwart. Historische Ausstellung im Reichstagsgebäude in Berlin. Katalog. Stuttgart: Kohlhammer. 1988. S. 366.

seiner Politik zu dienen [...], gilt auch für den Rundfunk.[79] Dieser Exkurs über die Rechts- und Politikgeschichte sollte an dieser Stelle lediglich verdeutlichen, dass sich der Rundfunk und das Hörspiel immer noch nicht ganz aus dem Einflussbereich der Regierenden gelöst hatte. So wirkte, um hier ein konkretes Beispiel zu nennen, der SR von 1947, also schon vor der ersten demokratischen Wahl der BRD, bis 1955 als *„Werbegesellschaft"* für die Regierung, deren Mitglieder über das Programmangebot entschieden.[80] Auch Hörspiele oder hörspielähnliche Beiträge im Radio dienten solchen Zwecken.

In den Jahren unmittelbar nach dem Krieg waren drei verschiedene Typen von Hörspielen überaus populär, die jedoch keine Neuentwicklungen darstellten. Zunächst wurden wieder literarische Vorlagen als Hörspiele aufbereitet, so wie das erwähnte Beispiel von Zuckmayer oder „Die menschliche Stimme" von Jean Cocteau, das am 3. April 1946 vom SWF ausgestrahlt wurde. Mit Volker Starkes „Der Held" sendete man am 20. Januar 1946 das erste „Originalhörspiel".[81] Die dritte Hörspielform war das „Radio-Feature", das sich vom üblichen Hörspiel und dessen Definition insofern unterschied, als dass es nicht unbedingt Kunst sein wollte.[82] Bekannte Autoren der Nachkriegszeitzeit waren hier Axel Engelbrecht oder Ernst Schnabel.[83] Das Radio-Feature bezog sich größtenteils auf die aktuellen Ereignisse des Tages und stellte diese mit den Mitteln des Radios in einer Form zwischen Hörspiel und Reportage dar. Wieder einmal war es Sinn und Zweck den Hörern neue Lebensperspektiven zu unterbreiten und sie politisch umzubilden, also ideologisch

---

[79] Lerg, Winfried Bernhard (Hg.): Rundfunk und Politik, 1923 bis 1973 . Berlin: Spiess Verlag. 1975. S. 376.
[80] Bloom, Margret: Die westdeutsche Nachkriegszeit im literarischen Original-Hörspiel. Frankfurt a. M.: Verlag Peter Lang. 1985. S. 89.
[81] Krug, Hans-Jürgen: Kleine Geschichte des Hörspiels. Konstanz: UVK Verlagsgesellschaft. 2003. S. 47.
[82] Bloom, Margret: Die westdeutsche Nachkriegszeit im literarischen Original-Hörspiel. Frankfurt a. M.: Verlag Peter Lang. 1985. S. 93.
[83] Krug, Hans-Jürgen: Kleine Geschichte des Hörspiels. Konstanz: UVK Verlagsgesellschaft. 2003. S. 47.

vom Nationalsozialismus zu befreien. Vor allem letzteres lag im Interesse der alliierten Besatzungsmächte.[84]

Besonders heftige Resonanz erzeugte Wolfgang Borcherts „Draußen vor der Tür", das der NWDR am 13. Februar 1947 sendete und von Borchert ursprünglich für das Theater verfasst worden war.[85] Das Hörspiel handelt von Krieg und Gefangenschaft und löste, wie auch bereits die Kriegshörspiele in der Weimarer Republik, tiefe Emotionen auf Seiten der Hörerschaft aus. Es wurde jedoch insgesamt positiv aufgenommen. Wie in der Literatur, waren auch im Hörspielbereich die Auseinandersetzung mit dem 2. Weltkrieg, die Tragik der Heimkehrer- oder Vertriebenenschicksale und der Nationalsozialismus die zentralen Themen der ersten Nachkriegsjahre.[86]

Auf zunächst negative Reaktionen stieß das 1951 vom NWDR gesendete Hörspiel „Träume" von Günter Eich. Die Empörung der Hörer war wahrscheinlich deshalb so groß, weil das Sujet einer albtraumhaften Angst künstlerisch sehr gut inszeniert war und das Hörwerk eine tiefgreifende emotionale Wirkung auf die Rezipienten hatte. Einzelne Szenen spielten z.B. im *Inneren eines Transportzuges mit unbekanntem Ziel oder im Kinderschlachthaus eines alternden Vampirs.*[87]

Es erhielt zwar nicht den Hörspielpreis der Kriegsblinden, der ebenfalls 1951 erstmals vergebenen wurde und bis heute zu den wichtigsten seiner Art gehört.[88] Die Ursendung von Eichs Hörstück galt aber später für Teile der Hörspielforschung als eigentliche Geburtsstunde des Hörspiels.[89] Von einer zweiten Blütezeit des Hörspiels zu

---

[84] Bloom, Margret: Die westdeutsche Nachkriegszeit im literarischen Original-Hörspiel. Frankfurt a. M.: Verlag Peter Lang. 1985. S. 93-94.

[85] Krug, Hans-Jürgen: Kleine Geschichte des Hörspiels. Konstanz: UVK Verlagsgesellschaft. 2003. S. 48.

[86] Bloom, Margret: Die westdeutsche Nachkriegszeit im literarischen Original-Hörspiel. Frankfurt a. M.: Verlag Peter Lang. 1985. S. 229-232.

[87] Krug, Hans-Jürgen: Kleine Geschichte des Hörspiels. Konstanz: UVK Verlagsgesellschaft. 2003. S. 49.

[88] Bund der Kriegsblinden u. Filmstiftung NRW (Hg.): HörWelten. 50 Jahre Hörspielpreis der Kriegsblinden. 1952-2001. Berlin: Aufbau-Verlag. 2001. S. 13-15.

[89] Krug, Hans-Jürgen: Kleine Geschichte des Hörspiels. Konstanz: UVK Verlagsgesellschaft. 2003. S. 49.

sprechen erscheint jedoch angebrachter, da sich seit 1923 bereits sehr viele verschiedene Hörspieltypen entwickelt und bewährt hatten. Somit stellte das Nachkriegshörspiel kein eigentliches Novum dar, das hier den Begriff „Geburtsstunde" rechtfertigen würde. Das eigentlich Neue war, dass qualitativ hochwertigere Formen der Hörspielproduktion nach dem 2. Weltkrieg, vor allem auch auf technischen Neuerungen basierten, wie z.B. den neuen Möglichkeiten des Schnitts und der Montage, durch die Einführung und Etablierung des Tonbandgerätes.[90]

Zur Person Günter Eichs ist noch anzumerken, dass er nicht nur einer der bekanntesten und meistgeschätzten Hörspielverfasser nach 1945,[91] sondern auch einer der produktivsten Rundfunkautoren des Dritten Reiches war.[92] Trotzdem erhielt er für „Die Andere und ich" 1952 den renommierten Hörspielpreis der Kriegsblinden.[93] Auch andere NS-Hörspielautoren, wie z.B. Otto-Heinz Jahn, mit seinem 1952 ausgestrahlten Spiel „Die große Masche", waren im Rundfunk nach dem 2. Weltkrieg wieder vertreten. Nur zur Erinnerung; Jahn hatte Kasacks „Der Ruf" 1933 überarbeitet und dort das Horst Wessel Lied und eine Hitlerrede eingefügt. Wie in Bereichen der Justiz, der Bildung oder der Medizin, nahmen auch in der Hörspielkunst ehemalige Mitarbeiter, die ihre Werke im Sinne des nationalsozialistischen Regimes verfasst hatten, wieder ihre Arbeit auf. Nichtsdestotrotz stellten die Nachkriegsjahre für das Hörspiel einen Höhepunkt der Popularität und der Produktivität dar. Mehr als 1000 Hörspiele, davon 100 bis 120 Ursendungen, wurden von den Rundfunkanstalten produziert. Die Einschaltquoten für Hörspiele lagen bei etwa 50 Prozent, was zu dieser Zeit cirka 12 Millionen Hörern entsprach.[94] Durch die Einrichtung der „Ultrakurzwelle" (UKW/FM) neben der „Mittelwelle" (MW/AM) im Jahre 1950 erhöhte sich noch einmal die Zahl der zur Verfügung stehenden Sen-

---

[90] Kälin, Sabine: Die Anfänge des Hörspiels in der Weimarer Republik. Versuch einer Analyse. Stuttgart: Akademischer Verlag. 1991. S. 33.
[91] Krug, Hans-Jürgen: Kleine Geschichte des Hörspiels. Konstanz: UVK Verlagsgesellschaft. 2003. S. 61.
[92] Ebd. S. 41.
[93] Ebd. S. 61.
[94] Krug, Hans-Jürgen: Kleine Geschichte des Hörspiels. Konstanz: UVK Verlagsgesellschaft. 2003. S. 50.

deplätze.[95] Ebenfalls 1950 schlossen sich unter dem Namen ARD die Sendeanstalten der einzelnen Länder zusammen,[96] was einen kulturellen Programmaustausch und Co-Produktionen ermöglichte. Dadurch konnten die Sender ihre Ausgaben geringer halten.

In den 50-er Jahren erschienen die Werke der Hörspielautoren auch in Buchform. Auch etablierte Literaten interessierten sich wieder für das junge Genre.[97] Viele bedeutende Schriftstellerinnen, wie etwa Ingeborg Bachmann und Schriftsteller, wie Martin Walser, Günter Grass, Max Frisch oder Friedrich Dürrenmatt schrieben in den 1950-er Jahren Originalhörspiele für den Rundfunk.[98] Die Autoren konnten damit etwas zu ihrem Lebensunterhalt beitragen, bei gleichzeitiger Gewissheit, Werke für das kulturell wichtigste Medium ihrer Zeit zu verfassen. Aus den selben Beweggründen liehen auch einige berühmte Schauspieler, wie Klaus-Jürgen Wussow, Helga Feddersen, Joachim Fuchsberger oder Harald Juhnke, dem Hörspiel ihre Stimmen.[99] Hans Clarin blieb dem Genre auch viel später noch treu, als er für zahlreiche Folgen in den 80-er und 90-er Jahren die Rolle des Gespenstes „Hui Buh", in dem gleichnamigen Kinderhörspiel sprach. Auch in der jungen BRD strahlte der Rundfunk Hörspiele für Kinder aus. In diesem Bereich wurden unter anderem Adaptionen von Büchern der schwedischen Autorin Astrid Lindgren, wie „Meisterdetektiv Kalle Blomquist" oder „Kalle Blomquist, Eva Lotta und Rasmus" mit großem Erfolg gesendet.[100]

Rein akustische Schallspiele waren in der Nachkriegszeit selten oder wurden gar nicht produziert. Selbst Geräusche und Musik wurden nur wenig eingesetzt.[101] Das literarische Hörspiel, das Original- und das populäre Unterhaltungshörspiel waren also hauptsächlich vom gesprochenen Wort geprägt. Was in dieser Form von den Hörspiel-

---

[95] Ebd. S. 56.
[96] URL: www.dhm.de/lemo/html/1950/
[97] Krug, Hans-Jürgen: Kleine Geschichte des Hörspiels. Konstanz: UVK Verlagsgesellschaft. 2003. S. 52.
[98] Ebd. S. 52.
[99] Krug, Hans-Jürgen: Kleine Geschichte des Hörspiels. Konstanz: UVK Verlagsgesellschaft. 2003. S. 55.
[100] Krug, Hans-Jürgen: Kleine Geschichte des Hörspiels. Konstanz: UVK Verlagsgesellschaft. 2003. S. 60.
[101] Ebd. S. 57.

machern als das traditionelle Hörspiel bezeichnet wurde, hatte den Sinn und Zweck, ihm den Status zu verschaffen, als echte Literatur zu gelten.[102] War dieser eingeschränkte Hörspieltypus bei vielen jungen Autoren noch bis in die 60-er Jahre auf starke Kritik gestoßen, so begeisterten sich die Rundfunkteilnehmer in der unmittelbaren Zeit nach dem Krieg vor allem für die akustische Literatur, die ihnen größtenteils zur leichten Unterhaltung diente.

Bedingt durch die große Nachfrage seitens des Hörpublikums, bildeten Unterhaltungs- und Kriminalhörspiele in den 50-er Jahren einen großen Anteil des gesendeten Programms. Es wurde eine heile Hörspielwelt kreiert, die in *Gut und Böse-, Recht und Unrecht*-Kontraste aufgeteilt war. Die Geschichten liefen stets auf ein „happy end" hinaus.[103] Meist entstanden auch kleine Hörspielserien, die heutigen „TV-Soaps" ähnelten, wie etwa *das episodische Fortsetzungshörwerk „Familie Hesselbach"*.[104] Bereits 1949 verfasste der Autor, Regisseur und Schauspieler Wolf Schmidt (alias „Babba Hesselbach") die Hörspielreihe und erreichte damit Einschaltquoten von bis zu 70 Prozent.[105] Ähnlich wie in der Weimarer Republik erfüllten diese Hörspiele die Funktion eines imaginären Zufluchtsorts in eine *suggerierte Welt unerschütterlicher Ordnungsgefüge*, die die Hörer von den Problemen des Alltags ablenkten.[106] Diese Rolle übernahm dann ab den 60-er Jahren, dass 1954 erstmals eingeführte Fernsehen mit seinen beliebten Heimat- und Kriminalfilmen. Die Expansion und die größer werdende Popularität des neuen visuell-akustischen Massenmediums hatte zur Folge, dass das Hörspiel immer mehr an Bedeutung verlor. Viele der Hörspielmitarbeiter wechselten in die Fernsehproduktion und das TV übernahm in immer mehr Haushalten nun die Funktion der Unterhaltung

---

[102] Bloom, Margret: Die westdeutsche Nachkriegszeit im literarischen Original-Hörspiel. Frankfurt a. M.: Verlag Peter Lang. 1985. S. 35 ff.
[103] Ebd. S. 105 ff.
[104] Bloom, Margret: Die westdeutsche Nachkriegszeit im literarischen Original-Hörspiel. Frankfurt a. M.: Verlag Peter Lang. 1985.. S. 105.
[105] URL: www.hronline.de/website/derhr/hrmedia/index.jsp?rubrik=4144&key=standard_document_1011414
[106] Bloom, Margret: Die westdeutsche Nachkriegszeit im literarischen Original-Hörspiel. Frankfurt a. M.: Verlag Peter Lang. 1985. S. 107.

Der Prozess der *Inneren Bühne*,[107] bei dem die Phantasie des Hörers aus dem akustisch Wahrgenommenen Bilder im Geiste erzeugte, war durch die neuartige visuelle Rezeption des Fernsehens, das die Bilder der Handlung gleich mitlieferte, obsolet geworden. Dadurch, dass es sich bei einem großen Teil der gesendeten Hörspielproduktionen um Unterhaltungsspiele handelte, die sich in ihrer Form ähnelten und wiederholten, war die Gattung in einer scheinbaren Sackgasse angekommen. Das Hörspiel war für das Publikum nicht mehr interessant genug, um sich gegen das TV behaupten zu können. Das Kino war im eigenen Heim angekommen. Selbst die höher gebildete Hörerschaft zog nun ein Fernsehspiel einem anspruchsvollem Hörspiel vor.[108] Außerdem waren Fernsehsendungen wesentlich bequemer zu rezipieren, da es dabei weniger geistiger Anstrengung und Konzentration bedurfte. So verlor das Hörspiel stark an Popularität.[109] Auch das könnte ein Grund dafür gewesen sein, dass in den 60-er Jahren eine neue Generation von Hörspielmachern ins Gespräch kam. Diese sahen den Schwerpunkt der Hörspielarbeit eher in der Form, als in der Thematik. Aus der Idee, Klänge, Töne, Musik und Sprache gleichberechtigt nebeneinander zu behandeln und einzusetzen, entwickelte sich das sogenannte „Neue Hörspiel".[110]

1.4. Hörspielkrise und Neues Hörspiel von 1960 bis 1980

Spätestens seit Ende der 60-er Jahre prägten sich Formen des experimentellen Hörspiels und Schallspiels aus, die unter der Bezeichnung Neues Hörspiel zusammengefasst wurden. Den Begriff Neues Hörspiel führte erstmals 1968 der Dramaturg und Redakteur der WDR Hörspielabteilung Klaus Schöning ein.[111]

---

[107] Ebd. S. 111.
[108] Ebd. S. 130.
[109] Bloom, Margret: Die westdeutsche Nachkriegszeit im literarischen Original-Hörspiel. Frankfurt a. M.: Verlag Peter Lang. 1985. S. 129.
[110] Bloom, Margret: Die westdeutsche Nachkriegszeit im literarischen Original-Hörspiel. Frankfurt a. M.: Verlag Peter Lang. 1985. S. 131.
[111] URL: www.hoerspiel.com/genre/neues.htm

Anfang der 60-er Jahre wurden hauptsächlich noch literarische und unterhaltende Hörspiele gesendet. Doch beim WDR und SR integrierte man junge Autoren in die Hörspielarbeit, die für Experimente offen waren und sich vom traditionellen Hörspielbegriff der Nachkriegsjahre lösen wollten.[112] Innovative Vorlagen und Ideen, an denen man sich orientierte, stammten aus der experimentellen deutschen Hörspielkunst der 20-er Jahre[113] und den bereits 1948 entwickelten Ansätzen und Arbeiten des französischen „Club d'Essai". Diese dem Surrealismus nahestehende und hauptsächlich mit technischen Mitteln experimentierende Form des Hörspiels, wurde vom Rundfunk der deutschen Nachkriegszeit gänzlich ignoriert.[114] Im traditionellen Hörspiel, so formulierte es Heinz Schwitzke, *waren Geräusch und Musik bloße Hervorhebung, Unterstreichung des Wortes, aber keine eigenständige Mittel.*[115] Bereits 1961 trat Friedrich Knilli *für ein völlig neues, experimentelles Hörspiel ein*, in dem alle akustischen Ereignisse emanzipiert und parallel eingesetzt werden sollten.[116] Er folgte hierbei einer Ästhetik des „totalen Schallspiels", zu dem es bereits im Rundfunk der Weimarer Republik einige Ansätze und Umsetzungen gegeben hatte.

Die Krise des Hörspiels war vor allem eine Krise der Sprache, da sie als bedeutungstragende Einheit durch Fernsehbilder ersetzt wurde. So suchte man nach neuen Wegen. Diese Wege sollten nicht das akustische Spiel in Konkurrenz zum TV treten lassen, sondern es weiterentwickeln. Da das Radio durch die Einführung des Fernsehens in seiner kulturellen Funktion für die breite Öffentlichkeit eingeschränkt wurde, setzte man nun auf ein musikorientiertes und damit wortärmeres Programmangebot. Ab dem Ende der 60-er Jahre wurde hauptsächlich Rock- und Popmusik gesendet, womit auch wieder die Einschaltquoten stiegen. Der Rundfunk war jedoch nicht

---

[112] Krug, Hans-Jürgen: Kleine Geschichte des Hörspiels. Konstanz: UVK Verlagsgesellschaft. 2003. S. 69.
[113] Ebd. S.69.
[114] Döhl, Reinhard: Von der Klangdichtung zum Schallspiel. Hörspielmacher Paul Pörtner. S. 85-105. In: Schöning, Klaus (Hg.): Hörspielmacher. Autorenporträts und Essays. Königstein: Athenäum Verlag. 1983. S. 43ff.
[115] URL: www.hoerspiel.com/geschte/zeitl46.htm - 32k
[116] Bloom, Margret: Die westdeutsche Nachkriegszeit im literarischen Original-Hörspiel. Frankfurt a. M.: Verlag Peter Lang. 1985. S. 131.

mehr bevorzugtes Medium einer breiten, kulturell interessierten Hörerschaft, sondern hatte die Funktion der musikalischen Hintergrundberieselung und die des Werbeträgers für Populärmusik übernommen, die er auch heute noch erfüllt. Hörspielsendungen wurden auf die neu eingerichteten Zweiten (Ende der 50-er und Anfang der 60-er Jahre) und Dritten Programme (Anfang der 70-er Jahre) verlegt,[117] die speziell für die Interessen von Hörerminderheiten eingerichtet wurden.[118] Hier bot sich genügend Platz für Experimente,[119] auch deshalb, weil sich das Hörspiel unbelastet von ökonomischen, gesellschaftlichen und politischen Zwängen künstlerisch entfalten und entwickeln konnte. Hinzu kamen die neuen Möglichkeiten der „Stereophonie". Ernst Jandl und Friederike Mayröcker erprobten dieses Verfahren 1968 in „Fünf Mann Menschen".[120]

Wie diese Beispiele zeigen, zeichnete sich auch seitens der renommierten Autoren eine Tendenz zur Mitarbeit am „Neuen Hörspiel" ab. Das lag auch daran, dass sich in der Literatur neue Schreibformen, wie z.B. die Lautmalerei Kurt Schwitters' oder der bereits in den 50-er Jahren entstandene „Nouveau Roman", entwickelt hatten, die mit den Gedanken des „Neuen Hörspiels" sehr gut vereinbar waren. Die ästhetische Revolution hatte auch das Hörspiel ergriffen, und so schrieben nun Autoren wie Mon, Jandl oder Handke ebenfalls für den Rundfunk.[121] Teilweise wurden die akustischen Spiele von den Schreibenden selbst umgesetzt. Paul Wühr verzichtete sogar ganz auf Manuskript und Schauspieler, arbeitete nur mit Originaltönen (O-Tönen) und wurde 1971 für seine Arbeit als Autor-Regisseur mit dem Kriegsblindenpreis ausgezeichnet.[122] Tragbare

---

[117] URL: medialine.focus.de/PM1D/PM1DB/PM1DBF/pm1dbf.htm?snr=2484
[118] Krug, Hans-Jürgen: Kleine Geschichte des Hörspiels. Konstanz: UVK Verlagsgesellschaft. 2003. S. 69.
[119] Ebd. S.70.
[120] URL: www.mediaculture-online.de/Das_neue_H_rspiel.314.0.html
[121] Bloom, Margret: Die westdeutsche Nachkriegszeit im literarischen Original-Hörspiel. Frankfurt a. M.: Verlag Peter Lang. 1985. S. 131.
[122] Krug, Hans-Jürgen: Kleine Geschichte des Hörspiels. Konstanz: UVK Verlagsgesellschaft. 2003. S. 71.

Tonbandgeräte[123] machten es möglich, immer und überall Klänge und Geräusche der Umwelt aufzunehmen oder die Stimmen von Menschen aufzuzeichnen. Anschließend konnten all diese Tonbandaufnahmen im Sinne des Hörspielmachers Stück für Stück mit Hilfe von Klebeband neu montiert werden.[124] Der Einsatz von O-Tönen wurde als eigene Richtung innerhalb des Neuen Hörspiels angesehen. Das Originalton-Hörspiel verfolgte ganz im Sinne Brechts oder Benjamins die Absicht, den Hörer als Mitproduzenten einzusetzen, indem man die Stimmen von Menschen auf der Strasse aufnahm.[125]

Obwohl auch wieder bekannte Schauspieler, wie Ernst Jacobi oder Hanna Schygulla dem Hörspiel ihre Stimmen zur Verfügung stellten, wurde der Einsatz einer *anonymen Stimme* akzeptiert.[126] Das Medium war nicht unbedingt auf den Einsatz von populären Fernsehstars angewiesen. Die Autoren engagierten sich, um ihren eigenen künstlerischen Horizont erweitern zu können. Dies geschah nicht aus einer privaten ökonomischen Notwendigkeit heraus, wie teilweise in den Jahren der Nachkriegszeit.

Das Hörspiel wurde längst nicht mehr von einer großen Öffentlichkeit wahrgenommen aber die Hörspielkrise ermöglichte es den Künstlern und Regisseuren, einen Weg aus der, ihrer Meinung nach ästhetischen Sackgasse, des „traditionellen Hörspiels" zu finden. Dies fand, wie bereits gesagt, hauptsächlich mittels technischer Verbesserungen statt. Die Akustik der Sprache konnte manipuliert werden, ein präzises Schneiden der Tonbänder war möglich geworden und neben elektronisch erzeugter Musik, respektive Klängen, kamen auch O-Töne zum Einsatz. Zur vollen Entfaltung der akustischen Ereignisse im Neuen Hörspiel war jedoch die bereits erwähnte Einführung der Stereophonie von wesentlicher Bedeutung

---

[123] Bereits 1957 entwickelte Stefan Kudelski das Nagra III als erstes *portables transistorbasiertes Tonbandgerät mit Studioqualität.* Vgl.: URL: www.isi.ee.ethz.ch/education/lectures/ak2/ak2_link/ hist-ea.htm#1960-1970

[124] Krug, Hans-Jürgen: Kleine Geschichte des Hörspiels. Konstanz: UVK Verlagsgesellschaft. 2003. S. 79.

[125] Ladler, Karl: Hörspielforschung. Schnittpunkt zwischen Literatur, Medien und Ästhetik. Wiesbaden: Deutscher Universitäts-Verlag. 2001. S. 58.

[126] Krug, Hans-Jürgen: Kleine Geschichte des Hörspiels. Konstanz: UVK Verlagsgesellschaft. 2003. S. 71.

und stellte für die Hörspielmacher, wie auch für die Rezipienten völlig neue Möglichkeiten des Klangerlebnisses dar. Unter der Leitung von Heinz Hostnig und J. M. Kamps war der Saarländische Rundfunk der erste Sender, der Initiative zeigte und auch den Einsatz der Stereophonie für den Hörspielbereich nicht scheute. Viele Sender schlossen sich der neuen Richtung an.[127] Anfang der 70-er Jahre verfügten zwar erst wenige Rundfunkteilnehmer über ein Stereoempfangsgerät, doch auch dies sollte sich rasch ändern.[128] So besaßen 1977 bereits 40 Prozent der Haushalte stereotüchtige Empfangsgeräte.[129] Die Vorteile gegenüber der monophonen Radioübertragung lagen in *einer Steigerung der Klarheit*, der *Abnahme von störenden Nebengeräuschen*, dem Spiel mit *der Bewegung der Schallquelle* (vom rechten Kanal zum linker Kanal) und *in der gesteigerten Natürlichkeit* des Gesendeten.[130] Durch das zweikanalige Schallwiedergabesystem entstand beim Hörer die akustische Vorstellung von Raumklang. Während der Aufnahme wurde die Verteilung der Aufnahmemikrophone auf die beiden Kanäle als gestalterisches Mittel eingesetzt. So bestand z.B. die Möglichkeit verschiedenen Stimmen bestimmte Positionen innerhalb des Stereoklangraums zuzuweisen.[131] Ein akustisches Ereignis konnte so natürlich wie möglich produziert und wiedergegeben, oder der Klang, bzw. die Sprache verfremdet werden, um bestimmte Assoziationen beim Hörer zu evozieren oder auszuschließen. Es war also möglich, die Hörwirkung so realitätsnah oder –fern zu planen und zu gestalten.[132] Die Mehrspurtechnik der Tonbandmaschinen entwickelte sich rasch. Das analoge Tonband wurde von ¼ Zoll auf 2 Zoll verbreitert,[133]

---

[127] Krug, Hans-Jürgen: Kleine Geschichte des Hörspiels. Konstanz: UVK Verlagsgesellschaft. 2003. S. 70.
[128] Keckeis, Hermann: Das deutsche Hörspiel. 1923 – 1973. Ein systematischer Überblick mit kommentierter Bibliographie. Frankfurt a. M.: Athenäum Verlag. 1973. S. 35.
[129] URL: www.miz.org/musikforum/mftxt/mufo9203.htm
[130] Keckeis, Hermann: Das deutsche Hörspiel. 1923 – 1973. Ein systematischer Überblick mit kommentierter Bibliographie. Frankfurt a. M.: Athenäum Verlag. 1973. S. 29.
[131] Krug, Hans-Jürgen: Kleine Geschichte des Hörspiels. Konstanz: UVK Verlagsgesellschaft. 2003. S. 73.
[132] Ebd. S.30.
[133] URL: www.miz.org/musikforum/mftxt/mufo9203.htm

womit bis zum Ende der 70-er Jahre bis zu 100 Kanäle zur Verfügung standen und ebenso viele Mikrophone eingesetzt werden konnten. Außerdem war es nun möglich, mehrere Aufnahmespuren übereinander zu legen. „Hintergrundrauschen" oder „-brummen", das durch schlecht isolierte, bzw. geerdete Kabel hervorgerufen wurde, konnte man rasch durch Neuerungen in der Kabeltechnik beheben.

Doch trotz der Chancen, das Hörspiel mit neuen technischen Möglichkeiten zu bereichern, rief die Einführung der Stereophonie auch Skeptiker auf den Plan. Das waren vor allem diejenigen, die an der Dramaturgie und der Ästhetik des traditionellen Hörspiels festhalten wollten und in den Ausbildungen des Neuen Hörspiels und der Stereophonie Entwicklungen sahen, die ihnen oktroyiert wurden und die sie für die Krise des Hörspiels verantwortlich machten.[134] Was aber diesen Leuten, nach Meinung der Befürworter des Neuen Hörspiels, entging, war die Realisierung eines grundlegenden Anspruchs, den Theoretiker und Mitwirkende seit den Anfängen an das Hörspiels stellten. Diese Bestrebung war die Installierung *einer eigenen, von der Dramatik unabhängigen Literaturgattung Hörspiel*.[135] Wie bereits ausführlich erläutert wurde, gab es die Forderungen dazu schon im Deutschland der 30-er Jahre. Damals richtete sich die Kritik gegen die Verwendung von Theateradaptionen und es wurden Hörspiele verlangt, die original für den Rundfunk geschrieben werden sollten. In der Theorie des Neuen Hörspiels der 60-er und 70-er Jahre kam nun die Idee *der medialen Verschiedenheit der Wahrnehmungsakte Lesen und Hören*[136] hinzu, wobei Lesen als rein optische und Hören als rein akustische Rezeption aufgefasst wurde. Beim Neuen Hörspiel sollte selbst die Ausdruckskraft der menschlichen Stimme unabhängig vom Wort zur Geltung kommen.[137] Doch durch die Berufung auf das rein Akustische als Gattungsmerkmal des

---

[134] Lauterbach, Ulrich. In: Internationale Hörspieltagung. Frankfurt. 1968. S.67. In: Bloom, Margret: Die westdeutsche Nachkriegszeit im literarischen Original-Hörspiel. Frankfurt a. M.: Verlag Peter Lang. 1985. S. 129.

[135] Keckeis, Hermann: Das deutsche Hörspiel. 1923 – 1973. Ein systematischer Überblick mit kommentierter Bibliographie. Frankfurt a. M.: Athenäum Verlag. 1973. S. 39.

[136] Ebd. S. 39.

[137] Ebd. S. 39-40.

Hörspiels, bewegte sich die Hörspieltheorie in den Bereich der modernen/experimentellen Musik hinein. Und auch in der Praxis wurden Komponisten zu Hörspielmachern, wie Mauricio Kagel mit „Ein Aufnahmezustand" (1965) und „Der Tribun" (1979).[138] *Die Definition von Musik und Hörspiel* [war] *endlich nicht mehr stichhaltig [...], um scharfe Grenzen zu ziehen: Die Deutung von Klang und Wort* [war] *im einen wie im anderen Falle verunsichert.*[139]

Dieser Kommentar von Kagel zum damaligen Gattungsdiskurs des Hörspiels, wurde dadurch gestützt, dass sich die sogenannte „konkrete Musik" z.B. ähnlicher akustischer Gestaltungsmittel, wie etwa das reine Schall- oder Geräuschspiel bediente und ihm ähnelte.[140] Das zeigt wie schwierig es war, das Hörspiel innerhalb der Künste als eigenständige Gattung zu positionieren, auch deshalb, weil es im Verlauf seiner Geschichte bereits verschiedenste Formen entwickelt hatte und dabei die Mutimedialität der Arbeiten immer wieder, z.B. durch Literatur- und Theateradaptionen beim Publikum auf eine positive Resonanz stieß.

Genau das bemängelten aber die Vertreter des Neuen Hörspiels. Sie schränkten damit den Hörspielbegriff in seiner Vielfältigkeit ein, indem sie wieder ausschließlich das Originale des Hörspiels, als *absolute Radiokunst*[141] forderten. Die Entwicklung von Audiokassette und moderner Schallplatte[142] und die Tendenz zu ihrer Nutzung als Trä-

---

[138] Krug, Hans-Jürgen: Kleine Geschichte des Hörspiels. Konstanz: UVK Verlagsgesellschaft. 2003. S. 72.

[139] Kagel, Mauricio. In: Prospekt der Kölner Kurse für neue Musik. 1970. In: Keckeis, Hermann: Das deutsche Hörspiel. 1923 – 1973. Ein systematischer Überblick mit kommentierter Bibliographie. Frankfurt a. M.: Athenäum Verlag. 1973. S. 40.

[140] Keckeis, Hermann: Das deutsche Hörspiel. 1923 – 1973. Ein systematischer Überblick mit kommentierter Bibliographie. Frankfurt a. M.: Athenäum Verlag. 1973. S. 41.

[141] Döhl, Reinhard: Das Neue Hörspiel. Geschichte und Typologie des Hörspiels. Band 5. Darmstadt: Wissenschaftliche Buchgesellschaft. 1988. S. 80.

[142] Stereo-Langspielplatten wurden 1958 und Compact Audio Kassetten 1963 eingeführt. Vgl.: URL:
www.isi.ee.ethz.ch/education/lectures/ak2/ak2_link/
hist-ea.htm#1960-1970

germedien für Hörspiele,[143] lässt den Standpunkt der Vertreter des neuen Hörspiels zu einseitig gedacht erscheinen. Das radiospezifische des Neue Hörspiels stellte nur eine Möglichkeit von vielen dar. Nicht nur das Hörspiel bearbeitete literarische Vorlagen. Wie bereits an obigen Beispielen deutlich wurde, gab es auch Theateradaptionen von Hörspielen und umgekehrt.

Bereits im 18 Jahrhundert argumentierte Karl Philipp Moritz, dass Kunstwerke geschlossene Gebilde seien, die in der allgemeinen Begriffssprache nicht zureichend beschrieben werden könnten. Das Schöne der einen Kunst könne nur durch eine andere Kunstgattung gespiegelt werden.[144] Das ist nur ein Beispiel für eine mögliche multimediale Betrachtung der Künste, die sich auf das Hörspiel übertragen lässt. Wozu also das Hörspiel in selbst auferlegte Normen pressen und sich den bereits jahrelang bewährten Adaptionen verschließen? Außerdem bewegte sich das Neue Hörspiel ja selbst zum Teil in den Bereich der modernen Musik hinein, wie wir am Beispiel der konkreten Musik gesehen haben.

Das Hörspiel war aber noch mehr als ein autonomes künstlerisches Produkt. So beschreibt Klaus Schöning das Hörspiel gleichzeitig auch als *ein nicht-autonomes künstlerisches Produkt, als akustische Spielform des massenmedialen Programms, als Mischung zwischen Information und Entertainment.*[145] Hier könnte man als Beispiel das dem Radio-Feature ähnelnde „Reportage Hörspiel"[146] anführen. Das Hörspiel war und ist immer ein Experiment und niemand kann behaupten, die einzig wahre Form gefunden zu haben. All das lässt große Teile des Diskurses um Neues, bzw. traditionelles Hörspiel bald überflüssig, ja beinahe lächerlich erscheinen. Zu vieles zeugt

---

[143] Krug, Hans-Jürgen: Kleine Geschichte des Hörspiels. Konstanz: UVK Verlagsgesellschaft. 2003. S. 81.

[144] Stern, Martin: Goethes wenig geliebter Bruder. In: Buhofer, Annelies (Hg.): Karl Philipp Moritz. Tübingen: Francke Verlag. 1994. S. 28.

[145] Schöning, Klaus: Hörspiel hören. Akustische Literatur: Gegenstand der Literaturwissenschaft. In: Schöning, Klaus (Hg.): Spuren des Neuen Hörspiels. Frankfurt a. M.: Suhrkamp Verlag. 1982. S. 292 ff. In: Krug, Hans-Jürgen: Kleine Geschichte des Hörspiels. Konstanz: UVK Verlagsgesellschaft. 2003. S. 86 ff..

[146] Ebd. S. 80.

von der Intoleranz der Beteiligten gegenüber hörspieltheoretischen Ansätzen anderer Art. Innovative Ideen sichern Evolution und verhindern Stillstand und Langeweile, aber eine totale Verurteilung älterer oder differenter Ansätze können wiederum die weitere Entfaltung einer Kunstform einschränken. Angesichts dessen hätte eine Gattungsbestimmung des Hörspiels und die Frage was nun ästhetisch hochwertige Hörspielform ausmacht etwas liberaler und offener diskutiert werden können, als dies in den 60-er und 70-er Jahren geschah. Das traditionelle Hörspiel beging oft den Fehler neue technische Entwicklungen und experimentelle Ideen der eigenen Geschichte und des Auslands zu ignorieren. Aber das Neue Hörspiel verurteilte das traditionelle Hörspiel als reaktionär und lehnte es ebenfalls vollständig ab. Die Befürworter der neuen Bewegung agierten damit genauso ignorant, wie die der alten.[147] Auf diese Weise wurde die Hörspielkunst in ihrer Entwicklung zunächst um die Chance gebracht, neue Einflüsse und ältere Formen miteinander zu kombinieren. Aus einer offenen Zusammenarbeit hätten etwa neue Ansätze des Hörspiels entstehen können, die nicht nur eine intellektuell und künstlerisch interessierte Hörerschaft angesprochen, sondern durchaus auch auf den Ersten, anstatt auf den Zweiten, bzw. Dritten Hörfunkprogrammen Zuhörer gefunden hätte. Die Hörspielkrise entstand aus den Institutionen, sowie durch die Einführung des Fernsehens und nicht durch veraltete Dramaturgie oder Thematik.[148] Noch nie in seiner bisherigen Geschichte waren die Hörspielabteilungen des Rundfunks so unabhängig und mit solchen technischen und finanziellen Mitteln ausgestattet, wie diejenigen in den 60-er und 70-er Jahren. Eigentlich hätte das Experimentieren durchaus vielseitiger ausfallen können, nicht nur mit dem Ergebnis unterschiedlichere Formen des Neuen Hörspiels zu entwickeln. Bei der vom Neuen Hörspiel protegierten Stereophonie bestand z.B. auch die Möglichkeit, die vom

---

[147] Schöning, Klaus: Hörspiel hören. Akustische Literatur: Gegenstand der Literaturwissenschaft. In: Schöning, Klaus (Hg.): Spuren des Neuen Hörspiels. Frankfurt a. M.: Suhrkamp Verlag. 1982. S. 292 ff. In: Krug, Hans-Jürgen: Kleine Geschichte des Hörspiels. Konstanz: UVK Verlagsgesellschaft. 2003. S. 71.

[148] Ladler, Karl: Hörspielforschung. Schnittpunkt zwischen Literatur, Medien und Ästhetik. Wiesbaden: Deutscher Universitäts-Verlag. 2001. S. 33.

traditionellen Hörspiel erwünschte innere Bühne des Hörers zu erweitern. Das wäre auch sicherlich im Interesse der noch verbliebenen Hörspielrezipienten gewesen oder hätte ein neues Hörpublikum angezogen, das jedoch durch die elitäre und schwer zugängliche Hörkunst des Neuen Hörspiels abgeschreckt wurde.

Doch ein Diskurs der verhärteten Fronten mit Heinz Schwitze oder H.W. Hymmen als Vertreter des traditionellen Hörspiels und Wolf Wondratschek oder Helmut Heißenbüttel als Befürworter des Neuen Hörspiels ließen keinen wahrscheinlich fruchtbaren Austausch zu. Anstatt konstruktive Kritik zu üben wurde polemisiert.[149]

Um keinen falschen Eindruck zu erwecken muss noch gesagt werden, dass Unterhaltungshörspiele, Dialektspiele und Krimis immer noch gesendet wurden aber, wie das Neue Hörspiel nur als Teile eines umfangreichen Rundfunkprogramms betrachtet werden müssen.[150] Das Neue Hörspiel stand vor allem deshalb im Mittelpunkt des Interesses, da der Diskurs öffentlich geführt wurde und ständiger Gegenstand in Presse und Literaturtheorie war.[151] So wurde es auch wegen der häufigen Auszeichnungen bei dem „Kriegsblindenpreis" oder dem „Karl-Sczuka-Preis" des SWF, schließlich zum „Mainstream".[152] Selbst Friedrich Knilli, ein Mann der ersten Stunde des Neuen Hörspiels, bezeichnete es bereits 1970 als genauso reaktionär, wie das traditionelle Hörspiel.[153] Nachdem sich das Neue Hörspiel aber etabliert hatte, berücksichtigte man Ende der 70-er Jahre bei der Vergabe von Auszeichnungen auch wieder andere Hörspielformen. Der Diskurs um, „die einzig wahre Hörspielart" wurde nie ausdiskutiert und schließlich durch den Druck verschiedener Rundfunkleiter in der Konzeption einer offenen Dramaturgie aufgelöst. Nach dem fast zwei Jahrzehnte andauernden Diskurs entwickelte sich aus dem erzwungenen Ende der Diskussion eine relative Offenheit gegenüber allen Hörspielarten innerhalb des Ra-

---

[149] Krug, Hans-Jürgen: Kleine Geschichte des Hörspiels. Konstanz: UVK Verlagsgesellschaft. 2003. S. 76-77.
[150] Ebd. S. 75.
[151] Krug, Hans-Jürgen: Kleine Geschichte des Hörspiels. Konstanz: UVK Verlagsgesellschaft. 2003. S. 74.
[152] Ebd. S. 77.
[153] Ebd. S. 78.

dioprogramms seit den 80-er Jahren bis heute.[154] Auf die Hörspielmacher sollte jedoch in den kommenden Jahren Veränderungen ganz anderer Art, wie etwa die Einführung privater Radiosender und völlig neue Sendeformen, wie die des „Digitalen Sattelitenradios" zukommen, die ganz neue Probleme und Möglichkeiten aufwarfen.

1.5 Das Hörspiel im Rundfunk von 1980 bis 2004

Nach all den Höhen und Tiefen, die das Radiohörspiel im Laufe seiner Geschichte durchgemacht hatte, wären ihm etwas mehr Zeit zur Entfaltung der Ergebnisse seines jüngsten Entwicklungsprozesses und ein äußerer Rahmen mit konstanteren Arbeitsbedingungen sicherlich entgegengekommen. Doch schon nach kurzer Zeit sollten sich die Rundfunkhörspielmacher wieder neuen Herausforderungen, Schwierigkeiten und Aufgaben gegenübergestellt sehen. Diesmal sollten nicht Regierungen, Besatzungsmächte oder hörspieltheoretische Diskurse das Hörspiel einschränken und beeinflussen, sondern eine direkte Konfrontation mit dem freien Markt. Durch die Einführung von Lizenzen für private Radiosender, sah sich der öffentlich rechtliche Rundfunk, und vor allem das Hörspiel, einem noch stärkeren Einschaltquotendenken gegenübergestellt, als dies bisher der Fall gewesen war. Doch es sollte auch eine Reihe von positiven Entwicklungen geben, die hauptsächlich aus revolutionären technischen Neuentwicklungen resultierten.

1.5.1 Das Hörspiel im Rundfunk von 1980 bis 1985

Anfang der 80-er Jahre sendete der Rundfunk verschiedenste Arten von Hörspielen, von denen keine besondere Form mehr präferiert wurde. Der Anteil am Gesamtradioprogramm betrug trotz jährlich 1500 ausgestrahlter Hörspiele nur 0,8 Prozent. Die Werbung erreichte dagegen einen Anteil von 1,6 Prozent,[155] obwohl bereits am 01.01.1975 damit begonnen worden war, Rundfunkgebühren durch

---

[154] Krug, Hans-Jürgen: Kleine Geschichte des Hörspiels. Konstanz: UVK Verlagsgesellschaft. 2003. S. 78.
[155] Krug, Hans-Jürgen: Kleine Geschichte des Hörspiels. Konstanz: UVK Verlagsgesellschaft. 2003. S. 83.

die GEZ einzuziehen.[156] Populärmusik machte den größten Anteil am gesendeten Programm aus. Ausnahmen stellten nur spezielle Kultursender, wie z.B. WDR 5 dar.[157] Dies zeigt, wo die Schwerpunkte im öffentlich-rechtlichen Rundfunkbereich lagen. Es ging weniger um Kunst und Kultur, als vielmehr um eine Art Einschaltquotendenken,[158] um Werbung und insbesondere Musikwerbung. Mit der Einführung des Musikfernsehsenders MTV-Europe am 01.08.87[159] endete auch diese Domäne des Rundfunks. So wie die Einführung des Fernsehens das Interesse am Hörspiel stark verminderte, so galt nun für die Radiomusik: *„Video killed the radio star"*.[160]

Doch bleiben wir beim Hörspiel. Die große Zeit des Neuen Hörspiels war vorbei. Man erwartete wieder von den Hörspielmachern, dass sie die Wirkung ihrer Stücke auf die Hörer in ihre Überlegungen bezüglich Produktion, Regie und Dramaturgie mit einbeziehen.[161]

Auch eine Definition, bzw. eine Theorie des einzig wahren Hörspiels wurde nicht mehr krampfhaft gesucht, sondern man besann sich auf die natürliche Verschiedenartigkeit desselben. Zu dieser neuen Erwartungshaltung äußerte sich 1983 der Literaturwissenschaftler, Schriftsteller und Hörspiel-Autor Gert Hoffmann: *[...],dass [er] nicht weiß, was ein Hörspiel überhaupt ist, weil [er] es auch überhaupt nicht so genau wissen will und [davon absieht] Theorien zu entwickeln, da das Hörspiel für sich selber sprechen soll*.[162] Diese Haltung kann nur das Experimentieren und die Entwicklung neuer Hörspielformen fördern. Auf diese Weise entstanden unterschiedliche Hörspielvarianten und es wurde auch weiterhin experimentiert.

---

[156] URL: server02.is.uni-sb.de/courses/ident/themen/gesch_rundfunk/geschichte.php
[157] URL: www.wdr5.de
[158] Krug, Hans-Jürgen: Kleine Geschichte des Hörspiels. Konstanz: UVK Verlagsgesellschaft. 2003. S. 91.
[159] URL: server02.is.uni-sb.de/courses/ident/themen/gesch_rundfunk/geschichte.php
[160] The Buggles. 1979. Vgl.: URL: www.70disco.com/buggles.htm
[161] Krug, Hans-Jürgen: Kleine Geschichte des Hörspiels. Konstanz: UVK Verlagsgesellschaft. 2003. S. 87.
[162] Krug, Hans-Jürgen: Kleine Geschichte des Hörspiels. Konstanz: UVK Verlagsgesellschaft. 2003. S. 88-89.

Der Komponist und Musiker Heiner Goebbels präsentierte 1985 mit „Die Befreiung des Prometheus" die Hörstückumsetzung eines Textes des DDR-Autors Heiner Müller. Es wurde mit dem Kriegsblindenpreis ausgezeichnet. Das Hörwerk wurde auch vom Radiopublikum geschätzt, da die Thematik politisch in die Zeit des Tschernobyl-Supergaus passte.[163] Goebbels arbeitete mit Texten, Geräuschen, Rockmusik und bei einigen Hörspielen mit Unterstützung der Punk- und Avantgardeband „Einstürzende Neubauten", deren Mitglieder auch später noch an Hör- und Schallspielprojekten anderer Künstler beteiligt sein sollten.[164]

Technische Neuentwicklungen fanden im Bereich der Aufzeichnungs- und Sendeverfahren statt. Mit der Einführung digitaler Tonspeicher, wie dem R-DAT (1983), bestand die Möglichkeit die Tonqualität durch Schrägspuraufzeichnungen mit Hilfe rotierender Magnetköpfe, einem auch von Videorecordern her bekanntem Verfahren, zu verbessern. Das technische Hintergrundrauschen konnte damit durch die digitale Dokumentation erheblich gesenkt werden.[165] Die ebenfalls 1983 eingeführte CD sollte für das Hörspiel als Tonträgermedium, auch unabhängig vom Rundfunk bedeutsam werden.

1984 wurde das Digitale Satelliten Radio (DSR) vorgestellt, das eine Übertragung in hochwertiger Digitalqualität ermöglichte. Zusätzlich konnten mit diesem System Angaben zum laufenden Programm gesendet werden, wie z.B. Informationen über Titel, Autor oder Interpret. Diese erschienen dann auf dem Display des Digital-Tuners und boten dem Hörer eine nützliche Kurzinformation.[166] Die offizielle Einführung des DSR fand jedoch erst 1989 statt.[167]

Für das Radiohörspiel kam es 1985 mit der Einführung des privaten Rundfunks zunächst zu einer grundlegenden Veränderung anderer Art.

---

[163] Ebd. S. 90.
[164] URL: www.laut.de/wortlaut/artists/e/einstuerzende_neubauten/biographie/
[165] URL: www.gfu.de/pages/history/his_tontr_08.html
[166] URL: www.gfu.de/pages/history/his_radio_09.html
[167] URL: www.gfu.de/pages/history/his_radio_10.html

1.5.2 Die Einführung privater Radiosender und neue Trends im Radiohörspiel von 1985 bis 2004

Mit der Einführung privater Radiosender in den Jahren 1985/86 musste sich der Rundfunk und dementsprechend auch der Hörspielbereich der öffentlich-rechtlichen Sender in dem Dualen System neu orientieren. Eine kommerziell orientierte Konkurrenz entstand und zwar innerhalb des eigenen Mediums. Das weitestgehend von Einschaltquoten unabhängige Hörspiel *war plötzlich (indirekt) dem Markt ausgesetzt*.[168] Nun sahen sich die Hörspielabteilungen des Rundfunks mit der Situation konfrontiert, dass bei der Diskussion um eine Kostenminimierung im Radioprogramm immer wieder das Hörspiel in die Kritik geriet. Eine Sendeminute kostete 1987 durchschnittlich 102 DM. Damit lagen die Investitionen der Sendeanstalten in das Hörspiel höher als in jeden anderen Programmbereich.[169] Doch die Befürchtung einiger Hörspielmacher, dass das Genre komplett aus dem Radio entfernt werden könnte, sollte sich glücklicherweise nicht bestätigen.[170] Kosteneinsparungen seitens der ARD fanden jedoch tatsächlich statt, so dass 1992 der Etat für eine Hörspielsendeminute nur noch bei 82 DM lag.[171] Die Anzahl der öffentlich-rechtlichen Wellen stieg und es wurde eine Vielzahl von privaten Sendern gegründet. Die letzteren beschränkten sich jedoch auf die Ausstrahlung von finanziell lukrativeren Musikprogrammen und einem kleinen Anteil von Comedy. Das Hörspiel blieb eine rein öffentlich-rechtliche Kunst, die weiterhin auf speziellen Kultursendern gesendet wurde.[172] An der Wahrnehmung des Radiohörspiels seitens der Hörerschaft änderte sich jedoch nichts. Die akustische Rundfunkkunst blieb zunächst weiterhin von den meisten unbeachtet. Auch Diskussionen um Hörspieltheorien fanden nicht mehr statt. Hörspielbücher wurden kaum noch publiziert. Das Radiospiel wurde 1990 als vergessene Gattung betrachtet, da auch in den Printmedien nur noch sehr wenige Rezensionen oder Berichte über neue Hörstücke erschienen. Die Sendeanstalten waren wegen ihrer

---

[168] Krug, Hans-Jürgen: Kleine Geschichte des Hörspiels. Konstanz: UVK Verlagsgesellschaft. 2003. S. 91.
[169] Ebd. S. 94.
[170] Ebd. S. 91.
[171] Ebd. S. 94.
[172] Ebd. S. 92.

großen Skepsis gegenüber nicht radiospezifischen Medien zunächst nur in geringem Maße, an der bereits seit einigen Jahren kommerziell erfolgreichen Entwicklung interessiert, Hörspiele auf Kassette, Schallplatte oder CD zu publizieren.[173] Dies blieb zunächst anderen vorbehalten. Darauf wird im zweiten Kapitel dieser Arbeit näher eingegangen. Das Hörspiel im öffentlich-rechtlichen Rundfunk befand sich wieder einmal in einer tiefen Krise, die nicht ideologische oder institutionelle, sondern wirtschaftliche Gründe hatte. Aber auch die Versuche privater Kanäle, akustische Spiele zu senden, blieben ohne Erfolg und waren dementsprechend nicht rentabel.[174]

Um sich den Hörgewohnheiten des Publikums anzupassen, das an Musik, kurze Informationen und Nachrichten gewöhnt worden war, wurden Ende der 80-er und Anfang der 90-er Jahre wieder verstärkt Kurzhörspiele produziert und ausgestrahlt. So sendete z.B. der Informationssender HR1 1994 die Kurzhörspielreihe „Viererpack" von Christian Bieniek in seinem Nachmittagsprogramm. Andere jugendorientierte Sender produzierten Splatter- und Horrorhörspiele, die dann allerdings erst ab 1.00 Uhr ausgestrahlt wurden. Diese Radiospiele waren recht beliebt und das vom Berliner Sender „Radio Fritz" gesendete „Mithörspiel" „Ohrenzeuge" lebte von der regen Teilnahme des Hörpublikums. Die Hörer konnten durch Telefonanrufe das Hörspielgeschehen mitbestimmen.[175] Mit diesem Hörspielformat wurde auch die bereits in den 30-er Jahren von Bertolt Brecht geforderte Funktion des Rundfunks, als Kommunikations- und nicht nur als Distributionsapparat umgesetzt.[176]

Im Zuge einer Umstrukturierung des WDR im Jahre 1991 wurde eine Wiederholung aller in den Archiven lagernden Hörspiele in den Sendeplan der Kulturprogramme aufgenommen. Was natürlich auch eine kostengünstige Sendevariante darstellte. Für die geistigen Nachfolger des Neuen Hörspiels richtete der WDR ein eigenes Studio ein und trennte damit die sogenannte „Ars Acustica" von der

---

[173] Krug, Hans-Jürgen: Kleine Geschichte des Hörspiels. Konstanz: UVK Verlagsgesellschaft. 2003. S. 92.
[174] Ebd. S. 95.
[175] Ebd. S. 95.
[176] Schöning, Klaus (Hg.): Hörspielmacher. Autorenporträts und Essays. Königstein: Athenäum Verlag. 1983. S. 13.

Hörspielabteilung. Die „Akustische Kunst" wurde fortan als ein eigenes, der Musik nahestehendes Genre betrachtet. Neben der Austrahlung im Radio boten sich für die Ars Acustica auch andere Präsentationsformen an. So wurde 1992, dass aus dem Jahre 1975 stammende *Hör-Spiel* „Mare Nostrum" live und vor Publikum beim Hamburger Musikfest aufgeführt.[177] All dies waren schon entscheidende Schritte, um das Rundfunkhörspiel wieder populärer zu machen.

Mitte der 90-er Jahre erkannten die Hörspielmacher, dass der Erfolg des Hörspiels nicht mehr allein vom Radio abhängig war, sondern ebenso von der Entwicklung auf dem Tonträgermarkt der Hörverlage. Man stieg in das Kassetten- und CD-Verkaufsgeschäft der Audiobooks ein.

Für „Regional- und Dialekthörspiele" konnten wieder bekannte Sprecher gewonnen werden. Großangelegte Hörspiele, wie z.B. Thomas Lehners „Der Königssohn vom Schwarzwald. Am Tag X, wenn das Mittelmeer in den Oberrhein fließt" (1996) erschienen bundesweit auf CD.[178] Die neuen Impulse über den Rundfunk hinaus zu denken und den Gebrauch mundartlicher Sprache wieder stärker einzusetzen, wie dies in den Serienhörspielen der 50-er Jahren der Fall gewesen war, kamen vom SWF. Hier erhielten die Dialekthörspiele einen Sendeplatz auf dem populären SWF1. Gerade der regionale Bezug in Hinsicht auf Sprache und Thematik stieß bei den Rezipienten auf eine positive Resonanz. 1998 wurde jedoch der SWF in den neugegründeten SWR integriert und dem Hörspiel ein neuer Sendeplatz auf SWR4 Baden-Württemberg zugewiesen, wo es allgemein leichter konsumierbar, das heißt dialektärmer werden musste. Doch auch hier konnte es sich behaupten.[179]

Eine neue Richtung zeichnete sich auch bei den anderen Sendern ab. Zwar gab es noch immer Kurzhörspiele aber es wurden wieder verstärkt Sendeplätze für Unterhaltungshörspiele eingerichtet. Das Interesse am Radiohörspiel stieg, vor allem weil das Publikum das

---

[177] Krug, Hans-Jürgen: Kleine Geschichte des Hörspiels. Konstanz: UVK Verlagsgesellschaft. 2003. S. 104.
[178] Ebd. S. 96.
[179] Krug, Hans-Jürgen: Kleine Geschichte des Hörspiels. Konstanz: UVK Verlagsgesellschaft. 2003. S. 96.

Hörspiel auf Kassetten und CDs wiederentdeckt hatte. Diese Tonträger waren relativ teuer, sobald es sich um größere Werke handelte. Die Kosten für die Rezeption von Hörspielen im Radio war dagegen relativ günstig. Es musste lediglich die Rundfunkgebühr entrichtet werden. Hinzu kam, dass durch sogenannte „Doppel-Kassetenlaufwerke", also Kassettenrekorder mit zwei Laufwerken, die bereits Mitte der 80-er auf den Markt gekommen waren, auch spät ausgestrahlte Sendungen teilweise komplett mitgeschnitten werden konnten.

Beim literarischen Hörspiel setzte man verstärkt auf populäre Autoren, so wie z.B. in einer vom WDR und dem Deutschlandradio 1997 ausgestrahlten, sechsteiligen Krimireihe der Bestsellerautorin Donna Leon. Auch diese Serie erschien als Hörbuch auf Tonträgern und wurde auf der Frankfurter Buchmesse *selbstsicher als Hörspiel zum Buch beworben*.[180] Einen unglaublichen Erfolg hatte auch die Hörfunkadaption von Jostein Gaarders „Sofies Welt" aus den Jahren 1994/95, die schon produziert wurde bevor es das Buch zum Verkaufsschlager brachte. Die Hörer waren nach der sechsstündigen Komplettsendung des gesamten Werkes begeistert. Hunderte von Anrufen und Faxen gingen beim ausstrahlenden Kultursender S2 ein.[181] Der CD und Kassettenverkauf, der über der Münchner Hörverlag DHV lief, war ebenfalls sehr erfolgreich.[182] Anhand dieser Beispiele lässt sich eine Veränderung im Verhalten der Sender gegenüber den Trägermedien gut beobachten. Die öffentlich-rechtlichen Sendeanstalten begannen mit etablierten privaten Hörverlagen zusammenzuarbeiten, die den Vertrieb der Audiobooks übernahmen. Dieser Trend setzte sich fort und so ließen sich auch sehr große Werke wie Thomas Manns „Der Zauberberg" (2000) oder das zehnstündige Hörspiel „Moby Dick" (2002) realisieren.[183] Durch den Tonträgerverkauf waren diese „Mammutproduktionen" auch finanziell vertretbar.

---

[180] Ebd. S. 98.
[181] Krug, Hans-Jürgen: Kleine Geschichte des Hörspiels. Konstanz: UVK Verlagsgesellschaft. 2003. S. 100.
[182] URL: www.welt.de/daten/1999/06/12/0612lw117632.htx
[183] Krug, Hans-Jürgen: Kleine Geschichte des Hörspiels. Konstanz: UVK Verlagsgesellschaft. 2003. S. 118.

Das Interesse an den neuen Hörspielen lag zum Teil auch an der hervorragenden Qualität und den neuen technischen Mitteln, mit denen sie hergestellt wurden. Durch die digitale Produktion wurden die Möglichkeiten der Aufnahme, des Schnitts und der Montage erweitert, bzw. vereinfacht und auch Originaltöne, Musik, Sprache oder Geräusche konnten in einer nie gekannten Tonqualität im Werk umgesetzt werden.[184] Mit digitaler Produktion ist hier das Speichern der Tonsignale auf einer Festplatte und nicht mehr auf einem R-DAT Band gemeint. Es gibt drei Formen, von gemischt analoger (A) und digitaler (D) oder einer digitalen Aufnahme. Dabei wird zwischen „Aufnahme", „Mischung" und „Mastering" (Endmischung) unterschieden. Auf den im Handel angebotenen Tonträgern ist das Aufnahmeverfahren durch die Kentzeichnungen „AAD", „ADD" und „DDD" ausgewiesen.

Bereits 1991, als der Sendeschwerpunkt noch eher bei den Kurzhörspielen lag, produzierte der WDR J. R. R. Tolkiens „Der Herr der Ringe" als erstes digitales Hörspiel.[185] Bei diesem Großprojekt wurden zwar noch keine Festplatten, jedoch ein digitales Mischpult eingesetzt. Die neue Technik machte Produktionen möglich, die mit den alten Tonbandgeräten oder analogen Mischpulten nicht realisierbar gewesen wäre.[186] Mit der Hilfe von digitalen Mischpulten konnten Hunderte Einzelspuren relativ einfach organisiert und die Mikrophone ebenso leicht ausgesteuert werden. Diese Technik ermöglichte eine schnelle Abspeicherung und Wiedereinrichtung auch umfangreicher Einstellungen, computer-unterstützte Mischeinrichtung und ein spezielles System für den vereinfachten Anschluss von Ein- und Ausgängen.[187] Durch den Einsatz von Rechnern und mit Hilfe von Audioschnitt-Software, war es dann Ende der 90-er sogar möglich, auf einem relativ kleinen Trägermedium, wie der Festplatte, Tonspuren in hoher Qualität zu speichern und zu arrangieren.[188] Virtuelle Effektgeräte und Equalizer erlauben eine

---

[184] Ruschkowski, André: Elektronische Klänge und musikalische Entdeckungen. Stuttgart: Reclam Verlag. 1998. S. 260.
[185] Krug, Hans-Jürgen: Kleine Geschichte des Hörspiels. Konstanz: UVK Verlagsgesellschaft. 2003. S. 101.
[186] Ebd. S. 95.
[187] URL: www.wdr.de/radio/technik/digital/digi_1.html
[188] URL: www.wdr.de/radio/technik/digital/digi_1.html

vielfältige Bearbeitung des Materials an einem überschaubaren Arbeitsplatz, der hauptsächlich aus einem oder mehreren Rechnern besteht. Die Digitalisierung bedeutete aber auch gleichzeitig eine Verminderung der Produktionskosten bei gleichzeitiger Qualitätssteigerung, was den Rundfunkhäusern entgegenkam. Für die Hörspielmacher boten sich neue Möglichkeiten mit der Technik zu experimentieren. Das Fehlen von neuen Hörspieltheorien und -diskursen ließ dafür den notwendigen Raum. Die seit dem Ende des Hörspieldiskurses der 60-er und 70-er Jahre geltende Maxime der offenen Dramaturgie hatte sich etabliert. Ende der 90-er Jahre hatte sich das Hörspiel ein Publikum zurückerobert und war unbelastet von Normen und ästhetischen Anforderungen, *es war einfach innovativ*.[189] Man sprach begeistert von einer Renaissance des Hörspiels oder einem neuen „Hörspielboom".[190] Nun wäre zu erwarten gewesen, dass auch wieder vermehrt bekannte Autoren „Originalhörspiele für das Radio verfassten. Dem war aber nicht so. Vielmehr wurden Theaterstücke und Romane von populären Schriftstellern adaptiert. Das Radiohörspiel wurde zu einem Teil einer multimedialen Verwertungs- und Vermarktungskette,[191] in der Buch, Hörspiel, Theater, Film sich gegenseitig befruchteten und voneinander profitierten. Die Hörspielproduktion war qualitativ hochwertig und die neuen, zumeist jungen Rezipienten waren begeistert.[192] Was in vergangenen Jahrzehnten noch große Proteste von Hörspieltheoretikern hervorgerufen hätte, war nun möglich und wurde durch den großen Erfolg bestätigt. Aber auch Hörstücke abseits des „Mainstreams" von Bestselleradaptionen wurden umgesetzt, wie z.B. 1995 Martin Walsers Hörspielfassung des gleichnamigen Theaterstücks „Kaschmir in Parching oder Chronisch deutsch" unter der Regie von Otto Düben.[193]

Es gab noch eine weitere innovative Neuentwicklung neben dem populären literarischen Hörspiel. Das rein akustische Hörspiel Ars

---

[189] Krug, Hans-Jürgen: Kleine Geschichte des Hörspiels. Konstanz: UVK Verlagsgesellschaft. 2003. S. 104.

[190] Krug, Hans-Jürgen: Kleine Geschichte des Hörspiels. Konstanz: UVK Verlagsgesellschaft. 2003. S. 117.

[191] Ebd. S. 105.

[192] Ebd. S. 110.

[193] Ebd. S. 105.

Acustica, das sich wie bereits erwähnt vom eigentlichen Hörspiel gelöst hatte, erhielt in den 90-er Jahren durch neue Einflüsse von Künstlern aus dem „Independent" und dem elektronischen Musikbereich ebenfalls einen Popularitätsschub, der sich bis in die 2000-er Jahre hinein fortsetzten sollte. Michael Ammer war Initiator dieser neuen Richtung, bei der es in Anlehnung an das Neue Hörspiel um Musik mit untergeordneten Texten aber um eine beabsichtigte Multimedialität ging. Dies war der Unterschied zum totalen Schallspiel der 70-er Jahre. Nicht die Betonung der Originalität, nicht das Radiospezifische des Hörspiels stand im Mittelpunkt der Idee, sondern *Hörspiele zu schreiben, die aus dem Medium heraus ihren Platz in der Welt finden und nicht in den unzugänglichen Archiven der Rundfunkanstalten verstauben sollten*, so Ammer 1996 in einer Dankesrede.[194] Er arbeitete dabei mit verschiedenen Musikern zusammen, die eben nicht aus dem Bereich der Popmusik stammten, wie dies in einigen Artikeln gerne veröffentlicht wurde. F. M. Einheit, von den „Einstürzenden Neubauten" war ein Mitwirkender.[195] Martin Gretschmann ein anderer, der als elektronischer Liedermacher unter dem Namen „Console" experimentelle Musik veröffentlicht und mit seinen Klängen die früher dem „Hardcore" zugehörige aber heute eher am Jazz orientierte Weilheimer Band „The Notwist" unterstützt.[196] Die „Wort-Klangkollagen" wurden beim Bayerischen Rundfunk produziert, der die neue Hörspielrichtung als erster Sender protegierte. So gingen dort Ammers Werke „Orbis auditus" (1990) und „Radio Inferno" (1993) über den Äther. „Apokalypse Live", das 1994 urgesendet wurde, brachte dann den verdienten Erfolg. Mit der Verleihung des Kriegsblindenpreises und des „Prix Futura" akzeptierte man offiziell die neue Radiokunst.[197] Das es ausgerechnet dieses Werk war, das ausgezeichnet wurde, erstaunt, aber unterstreicht die Faszination für das neue Konzept. Umso mehr, als dass es live auf offener Bühne und vor Publikum produ-

---

[194] Ammer, Michael: Dankeswort 1996. In: Schöning, Klaus (Hg.): Schriftsteller und Hörspiel. S. 161. In: Krug, Hans-Jürgen: Kleine Geschichte des Hörspiels. Konstanz: UVK Verlagsgesellschaft. 2003. S. 112.
[195] URL: www.zeit.de/2003/51/ohrenkunst
[196] URL: www.phlow.net/plattenkritik/ammerconsole_on_the_tracks.php
[197] Krug, Hans-Jürgen: Kleine Geschichte des Hörspiels. Konstanz: UVK Verlagsgesellschaft. 2003. S. 111.

ziert wurde.[198] Das geforderte Multimediale dieser Hörspielrichtung war also schon während der Produktion und der Ausstrahlung, bzw. Aufführung vorhanden und das Hörspiel war nicht mehr direkt an den Rundfunk gebunden. Michael Ammer und F. M. Einheit scheuten sich auch nicht schwierige Textfragmente und Themen zu bearbeiten. In dem Hörspiel „Deutsche Krieger" aus dem Jahre 1995 wurden zeitgeschichtliche Tondokumente, z.B. Originaltöne aus Hitler-Reden verwendet. Das ganze wurde in Musikkollagen verpackt aber so geschickt arrangiert, dass die Absicht der Demaskierung der Untaten und Vorgehensweisen der historischen Persönlichkeiten offensichtlich war. Durch Satz- und „Sinn(los)kreationen" wie "Kaiser Wilhelm Overdrive", "Adolf Hitler Enterprise" und "Ulrike Meinhof Paradise"[199] wurden die Personen, mit denen man Gewalt, Wahnsinn und Terror verband, intelligent karikiert und vorgeführt.

Das Konzept, einen Veranstaltungsraum für Hörspiele abseits des heimischen Radios zu entwickeln, wurde von verschiedenen Sendern auch für das literarische Hörspiel umgesetzt. So fand z.B. am 31. Juli und am 1. August 2004 im Grugapark Essen eine öffentliche, rein akustische Vorführung der Hörspieladaption von Stephen Kings „Friedhof der Kuscheltiere" statt. Im Ambiente des Veranstaltungsortes konnte das Hörspiel von vielen hundert Interessierten gemeinsam rezipiert werden. In der Ankündigung zu dieser Veranstaltung schrieb der verantwortliche Sender WDR5: *Die Atmosphäre des Ortes verändert die Wahrnehmung des Gehörten, und das Hörspiel schärft die Sinne für die Umgebung.*[200]

Eine besonders kuriose multimediale Zusammenarbeit von Fernsehen und Hörspiel entstand 1996. Der TV-Sender 3Sat strahlte eine Hörspielnacht im Fernsehen aus. Auf dem Bildschirm war lediglich ein altes Tonbandgerät zu sehen und über die Lautsprecher waren alte Hörspiele des Österreichers Friedrich Dürrenmatt aus den 50-er Jahren zu hören.[201] Das Fernsehen, das zum Teil für die Hörspielkrise der 60-er Jahre und der Folgezeit verantwortlich war, diente bei

---

[198] Ebd. S. 112.
[199] URL: www.indigo.de/unser_programm/titel/9180/
[200] URL: www.wdr5.de/veranstaltungen/155398.phtml
[201] Krug, Hans-Jürgen: Kleine Geschichte des Hörspiels. Konstanz: UVK Verlagsgesellschaft. 2003. S. 114.

diesem Projekt als Medium für Dürrenmatts Hörwerke. Der TV-Bildschirm lieferte nur ein nostalgisches Bild, das lediglich die Hörsituation der 50-er Jahre suggerieren sollte.[202]

Ganz neue Perspektiven für die Präsentation von Hörspielen und die Einbindung der Zuhörer in das Hörspiel sollten sich durch ein anderes Medium eröffnen, dem World Wide Web.

1.5.3 Das Rundfunkhörspiel im Internet

Das „Netz der Netze", das „www" wurde 1991 zum erstenmal öffentlich vorgestellt und 1992 eingeführt.[203] Es dauerte einige Zeit, bis die Möglichkeiten des Internets ausreichend genutzt werden konnten. Ende der 90-er Jahre waren aber leistungsfähige Rechner und nach 2000 schnelle Netzwerkverbindungen, so wie ISDN oder DSL in vielen Haushalten vorhanden. Alle Rundfunksender präsentierten sich über eigene Websites im Internet. Hier entstand für die Hörer die Möglichkeit, sich über das Programm schnell und übersichtlich zu informieren.[204] Außerdem konnten nun die Hörspielrezipienten per „e-mail" ihre Meinung zum Gesendeten kundtun oder Fragen stellen, die von speziell eingerichteten Online-Redaktionen beantwortet wurden.[205] Zwar gab es schon vorher Hörertelefone, diese wurden jedoch meist nur bei besonderen Sendungen eingerichtet. Durch das Internet entstand aber eine immer erreichbare Informations- und Kommunikationsplattform mit derer Hilfe auf Hörerwünsche und Fragen eingegangen werden konnte.

Eine neue Sende- und Empfangsmöglichkeit für Radioprogramme entstand ebenfalls im Internet. Neben Antenne und DSR konnten Rundfunkprogramme, also auch Hörspiele im Netz über den sogenannten „Live Stream" empfangen werden. „Live Stream" bedeutet, dass laufende Radioprogramme über die Telefonleitungen des Internets gesendet werden. Diese können von privaten Anbietern stammen. Aber auch alle öffentlich-rechtlichen Sender strahlen ihr

---

[202] Krug, Hans-Jürgen: Kleine Geschichte des Hörspiels. Konstanz: UVK Verlagsgesellschaft. 2003. S. 114.
[203] URL: www.br-online.de/wissen-bildung/thema/www/http.xml
[204] URL: www.wdr5.de/sendungen/hoerbuch_seervice.phtml
[205] URL: www.wdr5.de/kontakt/

Programm im www aus. Ab 2005 sind deshalb auch Computer rundfunkgebührenpflichtig.[206] Als erstes privates Internetradio bekam 2000 das „Chart-Radio" von Media Control die Lizenz zum Senden.[207] Wie wir allerdings schon gesehen haben sind private Sender für eine Hörspieluntersuchung eher uninteressant, da sie bis auf einige Ausnahmen[208] fast ausschließlich Musikprogramme ausstrahlen.

Für den Live Stream-Empfang ist lediglich ein internetfähiger Computer und eine entsprechende Software notwendig, die kostenlos auf den Zugangsseiten der Sender zur Verfügung gestellt wird. Die beiden gängigsten Computerprogramme dieser Art sind der „RealPlayer" und der „Windows Media Player". Mit anderen Programmen, wie z.B. „Messer" (Memo Session Sound Recorder) ist es möglich, Internetradiohörspiele mitzuschneiden und auf Festplatte zu speichern.[209] Durch die riesigen Speicherkapazitäten heutiger Festplatten lassen sich komplette Hörspielnächte dokumentieren und auch gesendete Großproduktionen vollständig aufzeichnen.

Die neuen Medien bieten aber auch Möglichkeiten, das Hörspiel interaktiv zu gestalten. Vorstellbar wäre etwa im Live Stream-Bereich der öffentlich-rechtlichen Sender ein immer verfügbarer Hörspielkanal. Je nach Bedarf könnten die Hörer dann aus verschiedenen angebotenen Hörspielen auswählen. Dazu wäre natürlich seitens der Sender die Installation einer, über das Internet immer erreichbaren Datenbank notwendig. Interaktive Hörspielprojekte würden dann in etwa so aussehen, dass die Rezipienten an bestimmten Stellen aktiv in den weiteren Verlauf der Geschichte eingreifen könnten.

Die Auswahl für verschiedene weitere Handlungsverläufe könnten dem Zuhörer nach einer gewissen Zeitspanne (abhängig von der Länge des Hörspiels) durch ein eingeblendetes Bedienungsfeld zur Verfügung stehen. An diesen Stellen könnte dann der interaktive

---

[206] URL: www.n-tv.de/2777528.html
[207] URL: www.golem.de/0002/6558.html
[208] URL: www.radiocorax.de/index.php?option=content&task=archivecategory&year=2003&month=07
[209] URL: www.radiosites.de/messer.shtml

Hörspielrezipient auswählen und entscheiden, wie er sich den weiteren Verlauf der Story vorstellt.

Ein ähnliches Konzept besteht bereits. Der WDR-Jugendsender „1Live" fordert während seines laufenden Krimihörspiels „Die Dekoder" die Hörer auf, per Telefon oder per e-mail mitzuraten und den Verlauf der weiteren Untersuchungen zur Auflösung der Rätsel mitzubestimmen.[210] Das Problem bei diesem Konzept ist, dass nur auf wenige Anrufe und e-mails reagiert werden kann. Diejenigen Hörer deren Vorschläge im laufenden Programm dann umgesetzt werden, sind selbst Mitwirkende, die den unbeteiligten Hörern den Eindruck vermitteln, grundsätzlich am akustischen Spiel partizipieren zu können. Tatsächliche Interaktivität kann aber nur für wenige stattfinden. Und sind die Äußerungen der wenigen beteiligten Hörer dann auch noch langweilig und langatmig (die Gespräche werden live mitübertragen), so leidet auch die Qualität des gesamten Konzepts darunter.

Ein weiteres angeblich interaktives Hörspielprojekt liegt bei Radio-Bremen vor. Das auf der Internetseite als innovativ angekündigte Konzept *ein Hörspiel einmal anders umsetzen*[211] entpuppt sich als die simple Idee, wahlweise computeranimierte Bilder zum Hörspiel mitlaufen zu lassen oder das Hörspiel rein akustisch zu genießen. Doch die zusätzliche Option der visuellen Unterstützung des Gehörten erinnert eher an ein schlechtgemachtes „Action - Adventure"[212].

Die Umsetzung des oben vorgeschlagenen Konzepts, einer abrufbaren „Live Stream"-Hörspieldatenbank ist wohl für öffentlich-rechtliche Sender nicht umsetzbar, könnte aber in einem kommerziellen Rahmen für private Anbieter interessant sein. Doch durch neue Tonträgermedien, wie der DVD, die über einen sehr großen Speicherplatz verfügen, könnte etwas Ähnliches für den kommerziellen Bereich des Hörbuchverkaufs interessant werden. Wie bereits an mehreren Stellen erwähnt wurde, sind seit einigen Jahrzehnten, neben den rundfunkeigenen Bemühungen, Tonträgermedien für das wieder zunehmende Interesse am Hörspiel von großer

---

[210] URL: www.diedekoder.de/relaunch/index.html#
[211] URL: www.radiobremen.de/online/hesse/steppenwolf_flash.php3
[212] Computer-Abenteuer-, Rollenspiel

Bedeutung, ebenso wie die immer weiter fortschreitende Entwicklung von Internet und Computertechnologie. Welche neuen Möglichkeiten sich dadurch für das Hörspiel eröffnen, wird nun im folgenden Kapitel dargestellt.

2 Tonträger, neue Medien und neue Hörergenerationen

Hörspiele oder Hörbücher erscheinen auf den verschiedensten Tonträgermedien. Sei es nun in Form der „guten alten Schallplatte", einer Audiokassette oder eines digitalen Datenträgers, wie z.B. einer CD. Diese Tonträger werden, wenn sie ausschließlich für Hörspiele gebraucht werden, allgemein als Worttonträger bezeichnet. Auch die Festplatte eines PCs oder Macs, kann für den privaten Nutzer als Speichermedium dienen, denn in jüngster Zeit fanden, durch die Entwicklung von immer schnelleren Internetverbindungen, Hörspiele und Hörbücher ihren Weg in den Bereich des „Peer-to-Peer-Sharing" der sogenannten „Online-Tauschbörsen" im Internet.

Beginnen wir mit diesen letztgenannten, virtuellen Orten zur „Beschaffung" von Hörliteratur im Netz und neuen digitalen Datenspeichern, die wohl den aktuellsten und zukunftsweisenden Aspekt zur weiteren Entwicklung des Hörspiels darstellen.

2.1 Digitale Tonträgermedien und Internetplattformen für Hörbücher

Zu den bekanntesten Online-Tauschbörsen gehören, bzw. gehörten „Kazaa", „Audiogalaxy", „eDonkey", „Napster" oder „Soulseek". Durch gerichtliche Urteile und neue Gesetze in den USA, aber schließlich auch in Deutschland, wurden einige Betreiber gezwungen, die Server vom Netz zu nehmen oder unter der Kontrolle von Musikkonzernen kommerziell weiterzubetreiben. Ähnlich wie bei Filmen oder Musik, werden die begehrten Hörspiele massenhaft heruntergeladen oder zum Tausch angeboten. Nur ist es aber so, dass viele Nutzer dieser Tauschbörsen, sich vielleicht nie ein Hörspiel gekauft hätten und erst durch diese kostengünstigen (bis auf die Internetnutzungskosten und die eventuell anfallende Rundfunkgebühren ab 2005 muss nichts gezahlt werden) aber mittlerweile illegalen Angebote auf den Geschmack gekommen wären.

Hörspiele kann man fast überall ohne Probleme rezipieren und es gibt eine unglaubliche Anzahl verschiedenster Veröffentlichungen. Da diese aber auch ihren Preis haben, bieten die Tauschbörsen die

Möglichkeit, fast alle Rezeptionsbedürfnisse der Hörer zu erfüllen, ohne dass diese durch die eigenen finanziellen Möglichkeiten eingeschränkt sind. Abgesehen von der wirtschaftlichen und damit auch finanziellen Problematik, bei deren Beurteilung man durchaus geteilter Meinung sein darf, bieten die Hörbücher aus dem Netz weitere Vorteile, womit wir zum Thema der verschiedenen Tonträgermedien von Hörspielen kommen. Da die meisten im Internet angebotenen Hörbücher in bestimmten, datenreduzierten Dateiformaten angeboten werden, nehmen diese wesentlich weniger Speicherplatz auf einem Datenträger/Medium, also einer Festplatte oder einer CD-Rom, in Anspruch, als das „cda"-Format auf einer gewöhnlichen, im Handel erhältlichen Hörspiel-CD. Zwei der gängigsten Dateiformate sind, neben vielen anderen, das „MP3"- oder auch das „wma"-Format. Der geringere Speicherplatzbedarf dieser Formate wird möglich, indem das digitale Abbild einer Klangaufnahme beim Konvertierungsvorgang in das gewünschte Datenformat einiger Informationen beraubt wird, die entweder von den gebräuchlichen Abspielgeräten gar nicht übertragen werden können (Höhen/Bässe) oder aber psychoakustisch, von den meisten Menschen gar nicht wahrgenommen werden.

Je nach Komprimierungsgrat entstehen aber damit auch wahrnehmbare klangliche Einbußen, die im direkten Vergleich zu einem Original hörbar, aber nur bedingt als störend oder verfremdend empfunden werden. Solche Dateien können dann bis zu ein Zehntel des Speicherplatzes, wie das „cda"-Format einer Original-CD benötigen. Ein Hörbuch also, das normaler Weise 10 Audio-CDs in Anspruch nehmen würde, wie z.B. Thomas Mann „Der Zauberberg"[213], findet nun als MP3 spielend auf einer einzigen gebrannten CD Platz.

Multiformatabspielgeräte, wie MP3- und MPEG-fähige DVD-Player ermöglichen die heimische Rezeption. Mit einem tragbaren MP3-Player können aber auch umfangreiche Werke überall bequem gehört werden.

Seit wenigen Jahren bieten andere portable Abspielgeräte, wie MP3-fähige „USB-Sticks" oder „Apples" sogenannter Festplattenplayer

---

[213] URL: http://www.hoerbuecher-welt.de/hoerbuch36_187.html
„Thomas Mann –Der Zauberberg-Format: 10 CDs oder 8 MCs, 516 Minuten"

„iPod" einen noch größeren Komfort.[214] Das Brennen auf CD ist nicht mehr notwendig. Im Falle des iPod dient eine komplette Festplatte mit 100 und mehr Gigabyte als Datenträger, was eine unglaubliche Zahl von speicherbaren, mitführbaren Hörspielen möglich macht. Eine CD-Rom hat zum Vergleich 800 Megabyte Speicherplatz. Die MP3-fähigen USB-Sticks verfügen nur über eine kleine Festplatte von 256 Megabyte. Sie können sehr leicht über eine USB-Schnittstelle an den Computer angeschlossen werden und funktionieren dann wie ein eigenes Laufwerk. Die komprimierten Dateien können einfach auf den USB-Datenträger übertragen werden. Der große Vorteil der USB-Sticks ist, dass sie nur etwa 8 cm lang, 4 cm breit und 3 cm hoch sind, also kleiner als etwa ein Handy. Bei diesen Maßen lassen sich die Geräte bequem in der Hosentasche mitführen und die Speicherkapazität reicht immer noch für ein etwa zweistündiges Hörspiel aus. Seit dem 13.09.2003 sind MP3 oder ähnliche Formate, die aus dem Netz gezogen wurden oder von einem „gerippten"[215] Datenträger stammen, auf einem Medium (sei es nun Festplatte, CD-Rom oder auch DVD) in Deutschland laut Gesetzgebung illegal. In einem solchen Fall wird nach Paragraph 53 UrhG gegen das Urheberrecht verstoßen. Selbst bei legalem Erwerb einer Hörspiel-CD bewegt sich derjenige in einer juristischen Grauzone mit Tendenz zum Gesetzesbruch, der diese in eines der oben genannten Dateiformate umwandelt. *Zwar werden solche Privatkopien nicht strafbar, doch die jeweiligen Rechteinhaber können den Verbraucher zivilrechtlich auf Unterlassung und Schadensersatz in Anspruch nehmen.*[216]

Doch da hunderttausende von deutschen Tauschbörsenbenutzern nicht kriminalisiert und strafrechtlich verfolgt werden können, konzentrieren sich die Nachforschungen und Verhaftungen meist auf solche „User", die kommerzielle Zwecke verfolgen, also z.B. gebrannte CDs zum Verkauf anbieten oder über eine auffällig große Anzahl von angebotenen Dateien verfügen, die sich im Terrabytebe-

---

214 URL: www.spiegel.de/netzwelt/netzkultur/0,1518,309968,00.html
215 Der Begriff „Rippen" stammt aus der Computerumgangssprache und bedeutet, dass der Kopierschutz einer im Handel erhältlichen CD oder DVD mittels einer speziellen Software „geknackt" wird, um die Daten anschließend ohne Probleme vervielfältigen zu können.
216 URL: www.heise.de/newsticker/data/ad-12.09.03-000/

reich bewegen. In diesen Fällen handelt es sich aber auch meist um Musikdateien oder Filme und nicht um Hörspiele.[217]

Aber trotz der neuen Gesetzgebungen bieten die Tauschbörsen ideale und vielgenutzte Quellen für Hörspiele im Internet. Die im Handel angebotenen portablen Geräte eröffnen zusätzlich die Möglichkeit, überall akustische Bücher zu hören, sei es nun während einer Bahnfahrt oder am Strand.

Die beschriebenen aktuellen Entwicklungen sollten einführend zeigen, wie weit sich das Hörspiel vom eigentlichen Entstehungsmedium Radio entfernt hat.[218]

Dem von den Rundfunkhörspielmachern ausgerufenen Hörspielboom gegen Ende der 90-er Jahre liegen jedoch bereits Entwicklungen aus dem Bereich der Tonträgermedien der 70-er und 80-er Jahren zu Grunde. Diesen Tonträgern, denen man, wir erinnern uns, seitens der Sendeanstalten mit größter Skepsis begegnete, waren ausschlaggebend für das neue Interesse am Hörspiel.

2.2 Vor- und Nachteile verschiedener Tonträgermedien

Die ersten Literaturtonträger kamen in Deutschland 1954 auf den Markt. „Deutsche Grammophon" publizierte als erster Verlag die Aufnahme einer Faust-Inszenierung von Gustav Gründgens auf Schallplatte und zwar mit der Intention, Hörliteratur für Blinde in einem kommerziellen Rahmen auf Tonträgern anzubieten.[219] Weitere Veröffentlichungen folgten. Neben den Hörbüchern für Sehbehinderte begannen Musik- und Hörverlage in der Folgezeit auch den Tonträgermarkt für Kinder- und Jugendhörspiele zu entdecken.

Ende der 60-er und Anfang der 70-er Jahre wurden Hörspiele, vor allem Kinderhörspiele, wie „Winnetou"[220] oder „Die drei Fragezeichen",[221] von Hörverlagen, wie z.B. „Europa" selbstständig produ-

---

[217] URL: www.spiegel.de/netzwelt/politik/0,1518,303298,00.html
[218] URL: www.mediaculture-online.de/fileadmin/bibliothek/kapfer_verbund/kapfer_verbund.html
[219] URL: www.universal-music.de/html/frames/labels_cj3.php
[220] URL: karlmay.leo.org/kmg/seklit/JbKMG/1975/276.htm
[221] URL: www.europa-vinyl.de/year.htm

ziert und auf MCs aber auch noch in großem Maße auf Schallplatten veröffentlicht. In vielen Haushalten standen Plattenspieler zu dieser Zeit noch ebenso häufig zur Verfügung wie Abspielgeräte für Audiokassetten, die erst 1965 eingeführt wurden.[222] Der Umfang solcher Kinderhörspiele war ähnlich wie bei den MCs, auf meist ein bis zwei LPs begrenzt und konnten somit relativ preisgünstig zum Verkauf angeboten werden. Einen Nachteil bot allerdings, gerade in dem Bereich des für Kinder ausgelegten Hörspiels, der sorgsame Umgang mit dem Tonträger LP.

Diese Tatsache und die wesentlich kompaktere und handlichere Form der Audiokassette, waren der Grund, warum sich die MC zu Beginn der achtziger Jahre schließlich durchsetzte. Auch in dem Aufkommen transportabler Abspielgeräte, zunächst dem batteriebetriebenen Kassettenrekorder und dann dem viel kleineren „Walkman", lag ein Grund warum sich die Kassette gegenüber der Schallplatte schließlich behaupten konnte.

Ab 1978 begann, mit Gründung des Verlags „Schumm sprechende Bücher", auch im Bereich des Erwachsenenhörspiels ein neuer „Boom", der sich zunächst der Audiokassette als Literaturtonträger bediente.[223] Anfang der 80-er begannen *auch renommierte Verlage und Musikkonzerne mit der Veröffentlichung von Hörbüchern. Das Programm war sehr klassisch orientiert und die Zielgruppe* bestand *im wesentlichen aus Buchkäufern."*[224] Eine neue Ära von Tonträgern begann dann mit

---

[222] URL: http://www.ifak-kindermedien.de/pdf/hoerbuecher.pdf (Heidtmann, Horst: "Laß lesen!" Literaturtonträger in Öffentlichen Bibliotheken. - Mediale Aspekte, Untersuchungen zu Angebot und Nutzung. In: Buch und Bibliothek. Heft 2 1994, S.140- 149.)

[223] URL: http://www.hoernews.de/ :*Die Geschichte des ältesten deutschen Hörbuchverlages Steinbach sprechende Bücher begann in den 70-er-Jahren. Erich Schumm brachte von einer Reise nach Amerika die Hörbuchidee mit nach Deutschland. Er gründete hier 1978 den ersten reinen Hörbuchverlag, Schumm sprechende Bücher, und leistete Pionierarbeit für dieses Medium. 1995 übernahm Johanna Steinbach-Grobst den Verlag, der seit 1998 als Steinbach sprechende Bücher firmiert. Sitz des Verlages ist Schwäbisch Hall.*

[224] Schwarz, C.: Audiobooks. Überblick über die Herstellung und das Marketing von Hörbüchern. Hochschule für Druck Stuttgart. Diplomarbeit. 1997. S. 7. In: Cizmadia, Melanie: Zum Bestandsaufbau von Worttonträgern in öffentlichen Bibliotheken. Marktsichtung, Informationsquellen und Be-

dem Erscheinen der CD im Jahre 1983.[225] Diese erfreute sich innerhalb kürzester Zeit aufgrund der höheren Klangqualität und geringeren Abnutzungserscheinungen immer größerer Beliebtheit. So waren CD-Player schon wenige Jahre nach ihrer Markteinführung in vielen Haushalten zu finden. Außerdem bestand dann Ende der 90-er Jahre, also bereits vor der Einführung realer MP3-Abspielgeräte[226] die Möglichkeit, MP3-Dateien am PC in das cda-Format eines CD-Players umzuwandeln und diese mit jedem herkömmlichen CD-Player abzuspielen. Hörspielkassetten und Hörspiel-CDs wurden zunächst noch in vergleichbaren Auflagen produziert und vertrieben, da sich die CD noch nicht in wirklich allen Bereichen durchgesetzt hatte. So wurden viele Automobile in Deutschland noch mit einem Kassettengerät und nicht mit einem CD-Player ausgestattet.

Die MCs bieten den Vorteil, dass sie über eine längere Spieldauer verfügen und im Durchschnitt kostengünstiger sind. Die CD bietet wiederum den Vorteil, dass einzelne Titel/Tracks angespielt werden können, was das Rezipieren einzelner Teile des Hörbuchs erleichtert. Andererseits ist die MC gegenüber der CD in diesem Punkt überlegen, da nach dem Stoppen der Kassette, ohne Probleme an der richtigen Stelle weitergehört werden kann. Das ist nach dem Ausschalten einer CD nicht möglich.

Als letztes Medium für Hörbücher muss noch, die von den Hörbuchverlagen bislang wenig beachtete DVD erwähnt werden. Diese verfügt mit bis zu 17 Gigabyte[227] über ein Vielfaches der Speicherkapazität einer CD. Dadurch werden klanglich hochwertigere und Mehrkanaltonaufnahmen möglich. DVD-Abspielgeräte sind mit 50 € relativ preisgünstig zu erwerben und ebenfalls MP3-fähig. Auch für DVDs gibt es portable Abspielgeräte, die aber größer als ein Walkman oder Diskman ausfallen. Da die tragbaren DVD-Player mit ei-

---

wertungskriterien. Hochschule für Druck Stuttgart. Diplomarbeit. 2003. S.27.

[225] URL: http://www.nmz.de/nmz/nmz1999/nmz05/rumpf/doss-zombik.shtml

[226] Im Gegensatz zu virtuellen MP3-Playern, wie Winamp oder Windows-Media-Player für Mac und PC.

[227] URL: www.elektronik-kompendium.de/sites/com/0507171.htm

nem Bildschirm ausgestattet sind, ähneln sie in Größe und Aussehen eher einem kleinen Laptop.

„Der Hörverlag" hat nun in diesem Jahr in einer Gemeinschaftsproduktion mit dem MDR das erste Hörbuch auf DVD mit "Dolby Surround"-Klang und Mehrkanalton veröffentlicht. Literaturvorlage hiefür war Jules Vernes „20.000 Meilen unter dem Meer".[228] Allerdings ist die DVD-Version rund 10 € teurer, als die MC- oder CD-Varianten.[229] Ob sich die DVD als Medium für Hörbücher behaupten kann, bleibt also abzuwarten. Allerdings zeichnet sich ein Trend in diese Richtung ab. Die höhere Speicherkapazität, DVD-Brenner im Computerbereich und die größere Kompaktheit, was die Menge der verwendeten Tonträger im Vergleich zur CD angeht, leisten ihr Übriges zur allgemein steigenden Beliebtheit der DVD. Innovative Neuerungen, wie der bereits im ersten Kapitel gemachte Vorschlag eines echten interaktiven Hörspiels für den Live Stream-Rundfunk,[230] wären auf diesem Medium ebenfalls umsetzbar. Ein Hörspiel, bei dem der Hörer zwischen verschiedenen Handlungsabläufen wählen kann, hätte in einem kommerziellen Rahmen eine bessere Chance getestet zu werden, als im Radio. Ein Vorteil für die Hörverlage bei der Publikation eines solchen interaktiven Hörspiels auf DVD läge auch darin, dass das gesamte Werk besser vor Raubkopierern geschützt wäre. Durch die hohe Komplexität und die Menge der Daten ist ein effektiverer Kopierschutz möglich, da ja nicht wie im Falle von Video-DVDs nur ein Teil der gesamten Informationen benötigt wird, sondern alle. Ein höherer Verkaufspreis wäre durch den größeren Umfang und die aufwendigere Produktion ebenfalls gerechtfertigt. Für den Hörer böte sich auf jeden Fall die interessante Möglichkeit, bei erneuter Rezeption das Hörbuch immer wieder ganz neu zu entdecken und selbst aktiv am Hörspiel teilzunehmen.

Des weiteren wäre die Produktion eines Wortttonträgers der nicht nur linear, sondern quasi als „akustischer Hypertext" gehört werden kann, gerade für wissenschaftliche, bildende und informative

---

[228] URL: http://www.mdr.de/mdr-kultur/hoerspiel/1035450.html
[229] URL: http://www.hoerverlag.de/3-89940-287-1_3-39940-285-5.php?sender=neuerscheinungen
[230] Vgl. Kapitel 1.5.3

Audiobooks[231] eine wichtige Neuerung. Informationen könnten auf diese Weise gezielt gesucht und uninteressante Teile übersprungen werden. Gerade im Bereich des Hörspiels für blinde Menschen wäre dies überaus wertvoll. Ansätze dazu gibt es bereits in dem von Blindenbüchereien angeregten Projekt „DAISY".[232] Der Speicherplatz einer DVD böte die Möglichkeit, Hörspiele multilingual anzubieten, wie dies bereits bei Video-DVDs der Fall ist. Der Hörer kann sich dann die Sprache aussuchen, in der er das akustische Werk rezipieren möchte. Durch eine internationale Zusammenarbeit könnte gerade ein so großer Hörverlag wie der DHV solche Hörspiele anbieten. Komplett fertiggestellte Hörbuchproduktionen von internationalen Bestsellern in verschiedenen Sprachen liegen ja bereits bei ausländischen Verlagen vor. Die Hörverlage der einzelnen Länder müssten in einem Projekt zusammenarbeiten und ihre Produktionen auf einem Medium vereinen. Eine Entwicklung des Marktes für solche vielsprachigen Hörspiele ist wahrscheinlich, wäre nur das Angebot da. Die Kosten für die Hörverlage wären bei einem gleichberechtigten Austausch ebenfalls begrenzt, da ja keine neuen Produktionskosten anfallen würden.

Die DVD ist definitiv ein Medium, dessen Möglichkeiten für das Hörspiel noch lange nicht ausreichend genutzt wurden.

Bei allen Trägermedien für Hörspiele gibt es Vor- und Nachteile, so dass sich die Frage, welches das beste ist, schwer beantworten lässt. Die CD bestimmt momentan auf jeden Fall den Markt. *In Deutschland hat die CD bereits 70 Prozent der Hörbücher erreicht.*[233] Nichtsdestotrotz ist das Interesse an Hörspielen auf Tonträgern im allgemeinen stetig gewachsen und dieser Trend setzt sich fort.[234] Im Gegen-

---

[231] Vgl. Kapitel 2.5
[232] URL: www.dzb.de/daisy/Info_Daisy.htm
[233] URL: www.lfs.bsb-muenchen.de/Informationen/bestandsaufbau/dokumente/hoerbuecher2003.htm
[234] URL: http://www.geschaeftsidee.de/2000/2200/2211.html.: *Der Markt für Hörbücher wuchs im vergangenen Jahr um rund 67 Prozent auf etwa 50 Millionen DM. Für dieses Jahr wird eine weitere Steigerung um 40 Prozent erwartet. Inzwischen gibt es auch aktuelle Informationen über die Käufer von Hörbüchern, die vom Aufbau Verlag erarbeitet wurden. So sind 60 Prozent der Käufer weiblich, die Hauptzielgruppe sind die 30- bis 40-Jährigen. Wichtigstes Motiv für den Hörbuchkonsum: die Zeit besser zu nutzen. Aber: Nur ein Viertel der Nutzer*

satz zum Hörspiel im Rundfunk kann der Hörer nämlich selbst bestimmen, wann, wie lange und wo er ein Audiobook rezipieren möchte. Großhörspiele werden im Radio meist wöchentlich und in mehreren Teilen gesendet, was zu Problemen führen kann. Wenn eine Folge verpasst wurde, fällt es dem Hörer schwer, der weiteren Handlung zu folgen. Auch wird der Hörspielgenuss durch den großen zeitlichen Abstand von einer Woche bis zur nächsten Sendung erheblich gemindert. Die Literaturtonträger sind in Bezug auf die Hörzeiteinteilung also seit jeher im Vorteil gegenüber den im Rundfunk ausgestrahlten Hörspielen. Zwar sind auch Kurz- oder Serienhörspiele eine beliebte Sendeform im Radio und Großhörspiele werden, wie wir bereits gesehen haben[235] von den Hörfunkanstalten produziert aber mit ungleich größerem Erfolg auf Tonträgern durch Hörverlage vertrieben. Aus diesem Grund veränderte sich die Vermarktungskette Ende der 90-er Jahre. Die Tendenz ging dahin, die im Rundfunk produzierten Hörspiele, bereits vor der meist nur einmaligen Ursendung im Radio auf CD in den Handel zu bringen.[236] So wurde z.B. die Hörspieladaption von Klaus Manns „Mephisto" aus dem Jahre 1999 schon einen Monat vor der Ursendung als Audiobook durch den DHV auf den Markt gebracht. Mit der selben Strategie wurden auch Thomas Manns „Der Zauberberg" (2000) und die zehnteilige Hörspielbearbeitung von Herman Melvilles „Moby Dick" (2002) veröffentlicht.[237] Das Geschäft mit den Literaturtonträgern hat sich zur lukrativen Einnahmequelle für Sender und Hörverlage entwickelt. Schade ist nur, dass Komplettausstrahlungen, wie im Fall des Hörbuchs „Sofies Welt" und Hörspielwie-

---

lauscht der gesprochenen Literatur unterwegs, also zum Beispiel im Auto. In der Hauptsache werden Hörbücher zu Hause genossen.Ein besonders interessanter Aspekt: Nach einer Verbraucherumfrage des Börsenvereins des Deutschen Buchhandels würde fast die Hälfte der Befragten Audiobooks im Fachgeschäft statt in der Buchhandlung kaufen. Rund 10 Prozent meinten gar, Hörbücher hätten in einer Buchhandlung nichts zu suchen, und immerhin noch rund 6 Prozent sind der Auffassung, Buchhändler können diesbezüglich nicht kompetent beraten. Gute Argumente, die für einen speziellen Hörbuch-Laden sprechen. Hörbuch-Laden 'Geschäftsidee'-Ausgabe 1/98.

[235] Vgl. Kapitel 1.5.2
[236] Krug, Hans-Jürgen: Kleine Geschichte des Hörspiels. Konstanz: UVK Verlagsgesellschaft. 2003. S. 144.
[237] Ebd. S.144.

derholungen von vielen Rundfunkkanälen gar nicht mehr in Betracht gezogen werden. Die Befürchtungen seitens der Sendeanstalten, dass die Hörspiele z.B. im Live Stream digital mitgeschnitten werden könnten, und die damit verbundenen Gewinneinbußen sind wohl zu groß.

Es stellt sich nur die Frage, ob ein Radiohörspielrezipient, der laut Gesetzgebung dazu verpflichtet ist Rundfunkgebühren zu entrichten und sich gleichzeitig noch Werbesendungen anhören muss, nicht damit das Recht auf Wiederholung populärer Hörbücher hat, selbst wenn er diese mitschneiden möchte und sei es nur auf Audiokassette.

Hier fehlt es an Aufklärung. Indirekt verdienen Hörverlage (aus der freien Wirtschaft), an den teilweise aus Mitteln der Rundfunkgebühren produzierten Audiobooks. Die Rezipienten von Hörliteratur müssen also doppelt bezahlen. Bei Preisen für neuerschienene Worttonträger von 40 € und mehr[238] ist diese Entwicklung doch sehr fragwürdig.

Neben dem reinen Hören wird für viele Hörbuchrezipienten auch immer mehr die Diskussion mit Gleichgesinnten über das Gehörte wichtig. Ideale Foren hierfür entwickelten sich in verschiedenen Bereichen des Internets, meist auch schon direkt innerhalb der „Online-Tauschbörsen.

2.3 Kommunikation in „Chat-Rooms" und „News-Groups"

Das Audiobook hat im Medium Computer eine noch weitergehende Funktion, als nur die der reinen Rezeption. Es findet ein stetiger Gedankenaustausch über Hörbücher statt. Das Internet bietet die Möglichkeit, in themenspezifischen „Chat-Rooms" oder „News-Groups"[239] mit anderen Interessierten „direkt" oder „indirekt"[240] zu

---

[238] URL: www.amazon.de/exec/obidos/ASIN/3899402650/302-1620885-3692813
[239] URL: http://www.geschaeftsidee.de/2000/2200/2211.html
[240] Die Begriffe „direkt" und "indirekt" werden hier im Sinne einer zeitlichen Differenzierung gebraucht.

kommunizieren. Eine direkte Kommunikation findet in den Chat-Rooms statt. Dies sind virtuelle Räume, in denen sich die zugeschalteten Benutzer „online" und nahezu in Echtzeit auf schriftlicher Basis austauschen können. Ein Kommentar oder Text wird auf der Tastatur eingegeben und erscheint, nach der Eingabebestätigung der „Enter"-Taste, für alle User lesbar auf dem Bildschirm. Diese können sich dann wiederum zum Thema äußern. Hier ein Beispiel für solch einen Chat-Room.

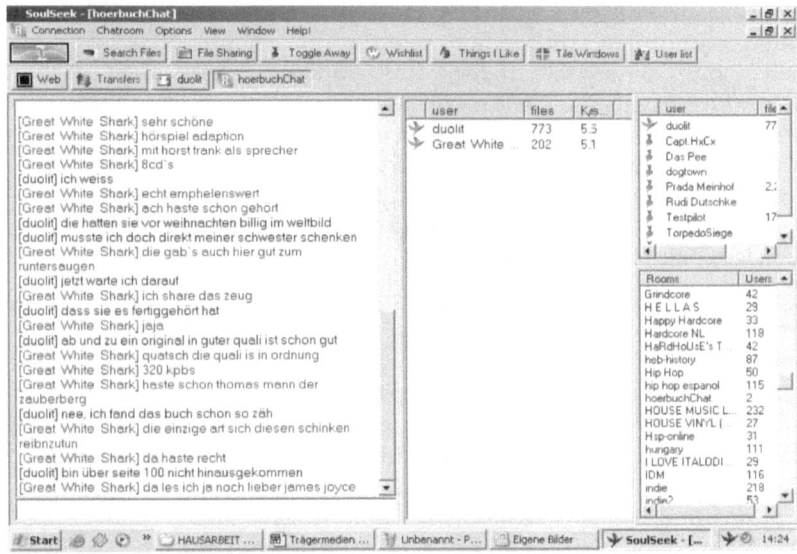

Quelle: Soulseek/hoerbuchChat/05.01.2004

Wie dieses Beispiel zeigt, findet im Internet eine lebendige Kommunikation zum Thema Worttonträger statt. Die individuelle Rezeption von Hörbüchern wird thematisiert und öffentlich zur Diskussion gestellt. Fremde Menschen treten in soziale Interaktion. Zwar besteht auch die Möglichkeit, sich mit Freunden, Bekannten oder der Familie über das Thema Hörbuch auszutauschen. Innerhalb der „Internet-Audiobook-Gemeinschaft" ist garantiert, dass das Thema mit der erwarteten Ernsthaftigkeit, bestehendem Interesse und Hintergrundwissen diskutiert wird. Bei unangebrachten oder störenden Kommentaren eines Chat-Teilnehmers tritt eine Selbstregulierung innerhalb der Diskussionsgruppe in Kraft und der Störende kann vom Chat ausgeschlossen werden. So wird ein gewisser Grad an Seriosität bei der Auseinandersetzung mit dem Thema sichergestellt. Durch Kommunikationsplattformen im Internet wird eine *digitale Öffentlichkeit*[241] geschaffen, die zwar anarchistisch, unzensiert, unstrukturiert und unüberschaubar als Ganzes erscheinen mag, die aber eine ausgezeichnete Informationsquelle zum Thema Worttonträger sein kann. Dass Wortbeiträge und Texte zu überprüfen und kritisch zu hinterfragen sind, ist kein besonderer Anspruch des Internets, sondern eine grundlegende Voraussetzung beim Umgang mit allen Formen von Medien, seien es nun Printmedien, das Fernsehen oder wissenschaftliche Monographien. Wenn dies beachtet wird, besteht für die Diskussionsteilnehmer, innerhalb einer digitalen Öffentlichkeit die Chance, sich eine Meinung zu bilden, die unabhängig von den Werbetexten kommerziell ausgerichteter Hörbuchverlage oder Hörbuchlektoren entsteht und die sich stetig weiterentwickelt. Es findet ein Diskurs von Rezipienten statt, in den sich jeder einbringen kann.

Eine andere Art Kommunikation zum Thema Hörspiel wird in sogenannten „News-Groups" in „indirekter" Form praktiziert. In diesen virtuellen Räumen können Benutzer Fragen oder Beiträge hinterlassen, die mit einem Erstellungsdatum versehen werden. Solch ein Beitrag kann von anderen Nutzern kommentiert oder eine Frage beantwortet werden. Der Unterschied zu den Chat-Rooms besteht darin, dass ein größerer zeitlicher Abstand zwischen Eingabe-Aktion und Eingabe-Reaktion besteht. Außerdem werden Fragen, Antworten und Kommentare gespeichert und damit eine Art „Online-Archiv" geschaffen. Durch die Eingabe von Stichwörtern in einem Suchfenster kann dann innerhalb dieses Archivs recherchiert werden. Natürlich sind die Einträge nicht verifiziert, doch können gute Tipps, verschiedenste unabhängige Rezensionen und weiterführende Links gefunden werden. Hier als Beispiel ein Ausschnitt aus „Google-Groups" zum Thema Hörspiele.

---

[241] Faulstich, Werner: Einführung in die Medienwissenschaft. München: Utb. Wilhelm Fink Verlag GmbH & Co. Kg. 2002. S.225.

Alle Beiträge des Diskussionsthemas

Von: Nemesis (nemesis242@gmx.de) Beitrag 1 aus der Diskussionsgruppe
Betrifft: Merlin
Newsgroups: de.rec.hoerspiel
Datum: 2000/02/29   View this article only

```
Hi,
Hat jemand schon mal was von einem Hörspiel/Audiobook namens Merlin gehört?
Wenn ja, wo lief es und ist es möglich es vielleicht zu tauschen?
Thanx
Nemesis
```

Von: HEINZ DECKER (heinz.decker@vienna.at) Beitrag 2 aus der Diskussionsgruppe
Betrifft: Re: Merlin
Newsgroups: de.rec.hoerspiel
Datum: 2000/02/29   View this article only

```
Hallo,
Es ist von Tankred Dorst und heisst: "Merlin, od. d. wüste Land" - MDR 1993
Habe ich auf MC mitgeschnitten, können wir tauschen. Gibts aber meistens
auch auf CD in Büchereien.
Heinz
```

Von: Thomas Schafft (320088726150@t-online.de) Beitrag 3 aus der Diskussionsgruppe

Von: Nemesis (nemesis242@gmx.de) Beitrag 4 aus der Diskussionsgruppe
Betrifft: Re: Merlin
Newsgroups: de.rec.hoerspiel
Datum: 2000/03/03   View this article only

```
Hi,
>Hoffentlich hat der Mensch namens "nemesis" nicht falsche >Vorstellungen von
>einem Hörspiel "Merlin". Es ist nämlich keine romantische Sagen->Version.
>Es ist, wie schon der Titel beinhaltet: wüst.

Ich hab mir sowas schon gedacht und bin ganz froh, dass es sich nicht um
eine "romantische Sagen-Version" handelt ;)
Mein Lieblings-Hsp ist "Der Herr der Ringe" was ja auch nicht gerade ein
klassisches Märchen ist.

Gibts in der Richtung (Fantasy alla Tolkien) noch mehr?
Den "Hobbit" hab ich allerdings schon.

Ich schau jetzt mal in der Bücherei vorbei (danke für den Tip), wenn ich da
aber nix finde, mail ich Dich nochmal direkt an.....wegen tauschen und
so......ok ?

Danke
Alex
```

Quelle: URL:
http://groups.google.de/groups?hl=de&lr=&ie=UTF8&oe=UTF8&threadm=38bf67c4_3%40news2.prserv.net&rnum=6&prev=/groups%3Fq%3Ddiskussion%2Bherr%2Bder%2Bringe%2Bh%25C3%25B6rspiel%26hl%3Dde%26lr%3D%26ie%3DUTF-8%26oe%3DUTF-8%26selm%3D38bf67c4_3%2540news2.prserv.net%26rnum%3D6

Im 4. Diskussionsbeitrag des obigen Beispiels wird von einem der Teilnehmer eine öffentliche Einrichtung erwähnt, in der Hörbücher auf Tonträgern zu finden sind: die Bibliothek. Trotz der Meinung einiger Kritiker, Audiobooks seien Literatur für Lesefaule, werden Hörspiele im Buchhandel verkauft und gehören schon länger zum festen Bestand von Bibliotheken. Im folgenden Kapitel soll gezeigt werden, wie sich Literaturtonträger neben der elitären Buchkultur auch in traditionellen Präsentationsdomänen der Buchliteratur etabliert und emanzipiert haben.

2.4 Worttonträger in Bibliotheken, Buchhandlungen und im Onlineverkauf

Als Hörspiele zu Beginn der 70-er Jahre in größerer Zahl auf dem Markt erschienen, waren die angestrebten Zielgruppen der Verlage noch eindeutig Sehbehinderte und Kinder. Die Tonträger waren MCs und LPs. Es lag demnach nahe, die Worttonträger in den Plattenläden anzubieten. Die Idee eines Bezugs zwischen Buchliteratur und Hörspielen auf Tonträgermedien war seitens der Hörverlage noch nicht hergestellt worden, ebenso wenig, wie die Vorstellung, dass gehörte Literatur auch für Buchleser interessant sein könnte. Da der Verkauf von Büchern und Worttonträgern also zunächst an völlig verschiedenen Orten stattfand, konnten auslegende Hörspieltonträger auch keine Aufmerksamkeit bei Lesern erregen. Auch dies ist ein Grund, warum die Anzahl der Hörer, die Worttonträger rezipierten, zunächst auf die beiden oben genannten Kundengruppen beschränkt blieb.

Wie im ersten Kapitel dieser Arbeit angemerkt wurde, war das Hörspiel im Rundfunk zu diesem Zeitpunkt jenseits jeglichen öffentlichen Interesses. Doch die mittlerweile Erwachsenen Kinderhörspielrezipienten der 70-er und 80-er Jahre einerseits, bei denen sich eine gewisse Hörspielerfahrung entwickelt hatte und andererseits durch eine veränderte Vermarktungsstrategie seitens der Hörverlage Mitte der 90-er, verstärkte sich die Nachfrage nach Hörspielen auf Tonträgern. Von dieser Entwicklung profitierte dann auch das Radio.

Die Verlage erkannten anhand der Ergebnisse von Marktforschungen und Umfragen, dass Rezipienten von Audiobooks auch fleißige Leser waren.[242] Also wurde der Verkauf mit großem Erfolg in die Buchläden ausgeweitet. Die Leser interessierten sich für die akustische Literatur. Erste Schritte in diese Richtung hatte der bereits erwähnte Hörverlag „Schumm sprechende Bücher" unternommen, als er Ende der 70-er Jahre begann auch Hörspiele für Erwachsene auf den Markt zu bringen und dadurch erstmals die Verwandtschaft von Buch und Hörspiel deutlich gemacht wurde.[243] Was jedoch die Marketingstrategen der Hörbuchverlage Mitte der 90-er Jahre ebenfalls erkannten, war die Tatsache, dass sich hauptsächlich junge Erwachsene für die Worttonträger interessierten.[244] Das war eben jene Gruppe von Hörern, die mit Hörspielen auf Tonträgern in den 70-er und 80-er Jahren aufgewachsen war. So wurde auch die Hörbuchproduktion um solche Titel erweitert, die dieses Hörpublikum ansprach. Hierzu gehören auch Hörpieladaptionen fremdsprachiger Erfolgsromane, wie etwa Paul Austers „City of Glass / Stadt aus Glas". Dieses Hörspiel wurde 1997 in einer Koproduktion von WDR und BR umgesetzt[245] und dann von „Der Hörverlag" (DHV) auf Tonträgern publiziert.[246] Das erfolgreiche Geschäft mit den Hörspielen hatte aber ebenfalls zur Folge, dass nicht nur spezielle Hörverlage Worttonträger anboten, sondern auch ehemals reine Buchverlage, wie „Klett-Cotta", „Reclam" oder „Suhrkamp" in das Hörspielgeschäft einstiegen.

Doch betrachten wir zunächst eine andere Form des kommerziellen Angebots von Hörspielen. Denn seit einigen Jahren wird der Vertrieb von Audiobooks nicht nur im direkten Verkauf des Buchhandels abgewickelt.

Mit der Etablierung und der immer größer werdenden Bedeutung des Internets entwickelten sich Formen des sogenannten „Online-

---

[242] URL: www.3sat.de/3sat.php?http://www.3sat.de/kulturzeit/events/bml02/bml.php?url=/kulturzeit/news/31001/index.html
[243] Vgl. Kapitel 2.2.
[244] URL: www.3sat.de/3sat.php?http://www.3sat.de/kulturzeit/events/bml02/bml.php?url=/kulturzeit/news/31001/index.html
[245] Krug, Hans-Jürgen: Kleine Geschichte des Hörspiels. Konstanz: UVK Verlagsgesellschaft. 2003. S. 115.
[246] URL: www.hoerverlag.de/3-89584-274-5.php?sender=genresuche

verkaufs". Auch Hörspiele werden seit Ende der 90-er Jahre auf Internetseiten bestimmter Anbieter, wie z.B. „Amazon" (www.amazon.de), „BOL" (www.bol.de) oder auf den Websites der Hörverlage zum Verkauf angeboten. Die Bestellung erfolgt online. Gezahlt wird per Nachnahme oder mittels des Lastschriftverfahrens und das gewünschte Hörspiel wird meist innerhalb kürzester Zeit (2-3 Tage) auf dem Postweg versendet. Selbst wenn einige Hörspielinteressierte nicht online kaufen möchten, so dienen die Seiten den Hörverlagen immer noch als Werbeplattformen, auf denen sie ihre Worttonträger präsentieren können. Der potentielle Käufer kann sich hier z.B. über Neuerscheinungen informieren und sich dann im Buchhandel das gewünschte Hörspiel kaufen, falls er dem Onlinekauf aus Gründen, wie z.B. der Angabe seiner Kontonummer, skeptisch gegenübersteht.

Eine preisgünstigere Variante für den Hörspielkauf im Internet ist die Internetauktion „Ebay" (www.ebay.de). Hier kann online mitgesteigert und verschiedenste Worttonträger erstanden werden. Auch für Liebhaber älterer Schallplattenhörspielen, die im heutigen Handel so gut wie nicht mehr erhältlich sind, besteht bei Ebay eine gute Chance fündig zu werden.

Abgesehen von den verschiedenen Orten, an denen Audiobooks käuflich erworben werden können, sind Worttonträger im Zuge ihrer steigenden Popularität seit einigen Jahren auch verstärkt in den Bestand von Bibliotheken aufgenommen worden. Damit wurde für Hörer die Möglichkeit geschaffen, sich Hörspiele auszuleihen und damit günstig und legal zu konsumieren. Das beweist, dass Worttonträger als kultureller und künstlerischer Bildungswert erachtet wurden und der allgemeinen Öffentlichkeit zur Unterhaltung und Bildung zugänglich gemacht werden sollten. Nicht nur in öffentlichen, sondern auch in Universitätsbibliotheken gehören Hörbücher mittlerweile zu einem festen Literaturbestand, der kontinuierlich erweitert wird. Die Präsenz von Hörspielen auf Tonträgern in Universitätsbibliotheken zeigt, dass die akustische Literatur durchaus Gegenstand eines literaturwissenschaftlichen Studiums sein können.

Das zunehmende Interesse an Worttonträgern wird auch dadurch deutlich, dass wieder verstärkt Rezensionen von Hörbüchern in der *FAZ, Die Zeit, Die Welt und anderen regionalen und überregionalen Zei-*

tungen erscheinen.[247] Das liegt nicht zuletzt an dem vielseitigen Hörspielangebot der Hörverlage, das eine Vielzahl von Themenbereichen abdeckt.

2.5 Hörverlage und Hörbuchkategorien

Wie der Literatur in Buchform, sind den Inhalten der Hörspiele kaum Grenzen gesetzt. Theologische, wissenschaftliche und philosophische Hörbücher werden genauso herausgebracht, wie Hörspielbearbeitungen von Klassikern, aktueller Belletristik oder Populärliteratur. Um einen Eindruck vom Umfang des Hörbuchangebots auf Tonträgern zu vermitteln, folgt an dieser Stelle ein Beispiel der verschiedenen Kategorien des Hörbuchverlags „Hoergold" mit einer Angabe der jeweiligen Anzahl von Titeln, die einer Kategorie zugeordnet sind.

Titel nach Kategorien zusammengefaßt

Hörbuchtitel sind einer oder mehreren Kategorien zugeordnet. Nachfolgend finden Sie eine Liste aller verwendeten Kategorien sowie die jeweilige Anzahl an Titeln, die einer Kategorie zugeordnet sind. Mit einem Klick auf die entsprechende Kategorie gelangen Sie direkt zur Liste alle Titel dieser Kategorie.

Kategorie	Anzahl	Kategorie	Anzahl	Kategorie	Anzahl
Abenteuer	84	Andere	2156	Anthologie	9
Astronomie	5	Balladen	21	Beruf und Karriere	67
Bibel und Religion	108	Biografien und Tagebücher	184	Christliches	46
Drama	20	Entspannung	5	Erotik und Liebe	91
Erzählungen	162	Esoterik	28	Familienroman	10
Fantasy	78	Film	8	Frauen	18
Fremdsprachliches	36	Gedichte und Lyrik	259	Geschichte	123
Gesundheit	32	Grusel und Horror	139	Historienroman	27
Hypnose	10	Jugend	61	Kabarett und Humor	506
Kinder	831	Kinderlieder	83	Klassiker	174
Krimis und Thriller	534	Kunst	17	Lieder	149
Literatur	170	Meditation	10	Mundart	90
Musik	75	Märchen und Sagen	194	Natur	18
Philosophie	87	Plattdeutsch	45	Politik	5
Psychologie	12	Ratgeber	181	Reise	200
Ritter	22	Romane	295	Satire	7
Science Fiction	47	Sitcom	5	Slam Poetry	8
Sport	40	Technik	1	Theater	53
Unterhaltung	2	Weihnachten	164	Western und Piraten	6
Wirtschaft	25	Wissen	55	Wissenschaft	6
Zeitgeschichte	64				

Quelle: URL: http://hoergold.de/audiobooks/listings/kategorien/index.htx

---

[247] Cizmadia, Melanie: Zum Bestandsaufbau von Worttonträgern in öffentlichen Bibliotheken. Marktsichtung, Informationsquellen und Bewertungskriterien. Hochschule für Druck Stuttgart. Diplomarbeit. 2003. S.47.

Wie man anhand der obigen Tabelle sehen kann, umfasst das Hörspielangebot ähnlich viele Themenbereiche wie das Buchprogramm. Das Hörbuch ist damit wohl kaum mehr einfach ein Buch für „faule" Leser oder ein, nur für Kinder und Blinde geeignetes Medium.

Eine der erfolgreichsten Kategorien des Audiobooks sind Hörspieladaptionen bekannter Bestseller aus den Bereichen der Klassiker und der Belletristik. Im Mai 1995 gründeten die Verlage Suhrkamp, Klett-Cotta, Carl Hanser Verlag, Kiepenheuer & Witsch, Verlag der Autoren, die Österreichischen Bundesverlage, Schott Musik International und die Verlegerin Claudia Baumhöver den Hörverlag DHV.[248] Hier wurden verlagseigene Werke, wie Thomas Manns Bildungsroman „Der Zauberberg", genauso wie Douglas Adams' satirischer Science-Fiction Bestseller „Per Anhalter durch die Galaxis" als Hörfassungen veröffentlicht. Es muss allerdings noch angemerkt werden, dass Douglas Adams' sein Werk zunächst als Hörspielserie beim englischen Sender BBC veröffentlichte. Es handelte sich also hierbei ursprünglich um ein Originalhörspiel, das dann in Buchform erschien, um wiederum als Vorlage für die deutsche Hörspieladaption zu dienen.[249] Das wohl beste Beispiel für ein erfolgreiches Hörspiel aus der Kategorie der Unterhaltungshörliteratur ist, wie im Buchhandel, „Harry Potter", *von dem bisher 1,3 Millionen Exemplare als Hörbuch verkauft worden sind*[250] (2003). Der Zusammenschluss der verschiedenen Verlage zum DHV erwies sich als so erfolgreich, dass nach *Schätzungen 70 bis 80 Prozent des gesamten Marktvolumens auf diesen Hörverlag* entfallen.[251] Dies liegt nicht zuletzt daran, dass die einzelnen Verlage die Buch- und Weiterverwertungsrechte an vielen Bestsellern besitzen und eng mit den Rundfunkanstalten in Deutschland zusammenarbeiten, die die Hörspiele hochprofessionell produzieren, die ihrerseits wiederum von den Senderechten profitieren können.[252] Trotz der Marktdominanz des DHV erzielen auch noch kleinere Verlage ausreichende Umsätze. Diese Verlage

---

[248] URL: http://www.goethe.de/kug/mui/buv/thm/de34057.htm
[249] URL: www.areion.de/buchausgabe43.html
[250] URL: www.goethe.de/kug/mui/buv/thm/de34057.htm
[251] Cizmadia, Melanie: Zum Bestandsaufbau von Worttonträgern in öffentlichen Bibliotheken. Marktsichtung, Informationsquellen und Bewertungskriterien. Hochschule für Druck Stuttgart. Diplomarbeit. 2003. S. 41.
[252] Ebd. S. 42.

konzentrieren sich dann auf ein bestimmtes Genre, wie etwa „Europa" mit seinen Kinderhörspielen, obwohl in diesem Falle mittlerweile der große Musikverlag BMG hinter dem Kinderhörverlag steht. Abgesehen davon kommt die Qualität, der in Koproduktionen entstandenen Hörspiele des DHV, auch sicherlich den Hörern entgegen.

Bei der Qualität von Hörspielen, vor allem bei solchen für Kinder, wird oft bemängelt, dass es sich dabei um minderwertige Produktionen handele oder auditive Rezeption von Hörspielen wird in Hinblick auf etwaige negative Auswirkungen bei der Literaturerziehung in Frage gestellt. Für audiovisuelle Medien mag gelten, dass ein übermäßiger und unkontrollierter Konsum (wie bei allen Dingen) einen negativen Einfluss auf die Sozialisation eines Kindes haben kann. Doch gelten diese Befürchtungen auch für das Hörspiel? Wird hier bei den Heranwachsenden im Gegensatz zu den „AV-Medien" nicht eher die Phantasie und das kreative Denken angeregt? Es gibt positive Beispiele und gute Gründe dafür, wenn z.B. Hörspielfans, die teilweise bereits von Kindesbeinen an mit der akustischen Literatur vertraut sind, innovative Ideen zum Medium Hörspiel haben und mitunter erstaunliche Projekte hervorbringen.

2.6 Hörer und Hörspieltheater

Wie bereits erläutert wurde, waren in den 70-er und 80-er Jahren Hörspiele bei Kindern und Jugendlichen sehr beliebt. Das gilt auch für das heutige Jugend- und Kinderhörspiel.[253] Man denke etwa nur an den Erfolg von „Bibi Blocksberg", „Die drei Fragezeichen", „H.G. Francis – Horrorgeschichten" oder die „Lederstrumpf"- und „Winnetou"-Hörspielserien. Die heute 30- bis 40-jährigen Rezipienten sind seit ihrer Kindheit mit dem Medium vertraut, wissen seine Stärken zu schätzen und gehen vorurteilsfrei damit um. Gerade in einer Sozialisationsphase, wo junge Menschen mit einer immer umfangreicheren und schnelleren Entwicklung der elektronischen Me-

---

[253] Faulstich, Werner: Einführung in die Medienwissenschaft. München: Utb. Wilhelm Fink Verlag GmbH & Co. Kg. 2002. S. 312. :*[...] 90% der 13-17 jährigen, zu mehr als zwei Dritteln auch die 6-9 jährigen und zu mehr als drei Vierteln die 9-12 jährigen.*

dien, wie Computertechnologie und Fernsehen konfrontiert waren, hat sich dieses Medium dennoch seinen Wert erhalten. Es bietet vor allem auch eine attraktive, pädagogisch wertvolle und phantasievolle Alternative zur Bilderflut des Fernsehens oder zu den hektischen Computerspielen mit Suchtpotential. Das Hörbuch oder Hörspiel tritt oft an die Stelle der Eltern, die früher aus einem Buch vorgelesen hatten und durch neue Rollenverhältnisse in der Familie (z.B. zunehmende Berufstätigkeit beider Elternteile) gar keine Zeit mehr haben, ihren Kindern Geschichten mündlich vorzutragen und ihnen damit Literatur näher zu bringen. Bei anderen Kindern trat und tritt heute, an ebendiese Stelle das Fernsehen und immer mehr auch der Computer.[254] Natürlich ist dies auch ein sozial- und kulturwissenschaftliches aber auch ein ethnisches Problem, bei dem man untersuchen müsste, in welchem Umfang Eltern aus verschiedenen Schichten, Religionen und Ethnien einer multikulturellen deutschen Gesellschaft ihren Kindern überhaupt noch Literatur, in welcher Form auch immer, näher bringen. Das soll an dieser Stelle nur erwähnt werden und müsste Gegenstand einer anderen, stärker mediensoziologisch orientierten wissenschaftlichen Arbeit sein.

Allerdings soll hier auf einen Textausschnitt von Werner Faulstich aus „Kinder als Hörer"[255]eingehen. Hier beschreibt Faulstich Kinderhörspiele als *Tonkonserven, die als Erlebnisfolien fungieren* und differenziert beim Nennen von Beispielen nicht zwischen Hörspielen, die nur mit Hilfe der Tonspur einer Fernsehserie aufgenommen wurden und denen, die Jugend- und Kinderbücher zur Vorlage haben und speziell für das Hörspiel um- und überarbeitet wurden. Natürlich ist es richtig, dass *Billigproduktionen auf niedrigstem Niveau*

---

[254] URL:http://www.onoma.to/presse.html :*DIE WELT Die literarische Welt / Hörbücher 24.Februar 2001 / Märchen der Brüder Grimm.* :Beim Hören handelt es sich ja in der Tat um eine Kulturtechnik, die viel älter ist als das Lesen. Erst mit der massenhaften Verbreitung des Geschriebenen hat sie ihren Stellenwert verloren. Längst macht man sich vielerorts Gedanken um das Problem des Nichthören-Könnens, gründet Hörklubs in Grundschulen und veranstaltet Symposien rund um das Thema Hören, das durch die Überbetonung des Visuellen so in Hintertreffen gelangt ist. Wenn sich auch die sozialen Formen der „oral tradition" kaum wieder beleben lassen, will man bei Onomato anknüpfen an diese Form der Überlieferung.

[255] Faulstich, Werner: Einführung in die Medienwissenschaft. München: Utb. Wilhelm Fink Verlag GmbH & Co. Kg. 200. S. 312.

leider einen Teil des Kinderhörspiels ausmachen. Es gibt aber auch positive Beispiele, wie aufwendige „Karl May-" und andere Abenteuer-Hörspielproduktionen. Und selbst wenn *Hören oft zur Sekundärtätigkeit (beim Spielen, Hausaufgabenmachen, Aufräumen etc.) zur Geräuschkulisse, die gleichwohl Geborgenheit und Vertrautheit schafft, Einsamkeit erträglicher macht und in Konfliktsituationen auch zur Stabilisierung beiträgt,*[256] so kann das Hörspiel doch gerade bei den letztgenannten Funktionen wichtige medienpädagogische, psychologische und soziologische Aufgaben erfüllen.

Wie weitreichend die Rezeption von Kinderhörspielen auch für den später erwachsenen Menschen sein kann, zeigt das Beispiel der Hörspielserie „Die drei Fragezeichen", erschienen bei „BMG/Europa", aus der sich nach einem erfolgreichen „Come-Back" ein regelrechter Kult entwickelte. Die Fangemeinde der "drei Fragezeichen" setzt sich aus Kindern und Jugendlichen, wie auch aus der mittlerweile erwachsenen Hörerschaft der ersten Stunde, gleichermaßen zusammen. Durch die letztgenannte Hörergruppe kam es 2001 zu einer kleinen Renaissance der Schallplatte. Für „Die drei Fragezeichen"-Fans der 70-er und 80-er Jahre, die aus nostalgischen Gründen immer noch die LP schätzten, brachte „Europa" die 100. Folge der Hörspielserie in kleiner Auflage auf Vinyl heraus.[257]

Aufgrund der großen Popularität dieser Hörspielserie entwickelte sich eine besondere Form des Theaters. Wie im ersten Kapitel erläutert wurde, bildete das Hörspiel innerhalb einer multimedialen Verwertungskette meist das Ende. Doch Ende der 90-er Jahre wurde dieser Prozess umgekehrt und das Hörspiel diente als Vorlage für die darstellerische Kunstform des Theaters. Die Sprecher der „drei Fragezeichen" gingen mit einigen Tonkünstlern auf Tournee und transportierten das Hörspiel auf viele Bühnen Deutschlands, unter anderem auch auf die des Audimax der Universität-Siegen, am 16.05.2003.[258] Die ursprüngliche Idee hierzu entstand durch die Theatergruppe „Das Vollplaybacktheater". Die Gruppe, deren Mitglieder sich auf ihrer Internetseite selbst als Europa-Hörspielfans präsentieren, agieren stumm in Kostümen auf der Bühne, zu einer

---

[256] URL:http://www.onoma.to/presse.html
[257] URL: www.rocky-beach.com/misc/100/100.html
[258] URL: http://www.rocky-beach.com/misc/moc/master_of_chess.html

parallel laufenden Einspielung eines Hörspiels.[259] Mit im Programm des „Vollplaybacktheaters" waren neben „John Sinclair" und „Edgar Wallace" Hörspielen, eben auch zahlreiche Folgen aus der Serie „Die drei Fragezeichen". Der Kreis schloss sich, als sich die stummen Theaterschauspieler mit ihren eigenen Stimmen wiederum als Sprecher in ein Hörspiel einbrachten.[260] Diese Form des Hörspiels auf der Bühne funktioniert vor allem wegen des satirischen Anspruchs und der karikaturistischen Züge, die die Akteure auf der Bühne durch übertriebene Gesten herausarbeiten[261] oder der Selbstironie, mit der die Originalsprecher ihre Charaktere überspitzt interpretieren.[262] Voraussetzung für den vollen Genuss und das Verständnis der Karikatur ist natürlich, dass das Publikum die Hörspiele bereits vorher rezipiert hat. Neben vielen anderen Auftrittsorten, waren für das „Vollplaybacktheater" vor allem die Vorführungen in der „Live Music Hall" im Rahmen der Kölner „Pop-Komm" 1999 sehr erfolgreich. Gleich an zwei Abenden spielte die Hörspieltheatergruppe vor ausverkauftem Haus.[263]

Eine Besonderheit, was die Vorlage von Hörbüchern angeht, sind Hörspieladaptionen wie „Das Wunder von Bern".[264] Der Unterschied zu anderen Hörspielen liegt bei diesem Beispiel darin, dass hier ein erfolgreicher Kinofilm als Hörspiel aufgearbeitet wurde.

Im Bereich des Kinderhörspiels ist die Verwertung von TV-Vorlagen allerdings schon seit den 70-er und 80-er Jahren populär. Bei Zeichentrickserien, wie z.B. „Heidi" oder „Walt Disney" Filmen,[265] wurde den Tonspuren des Fernsehoriginals die Stimme eines erläuternden Erzählers hinzugefügt oder sie wurden ohne weiteren Zusatz von Tonmaterial veröffentlicht. Bei dieser Art der Hörspielproduktion muss allerdings zu Recht die fehlende Qualität bemän-

---

[259] URL: http://www.vollplaybacktheater.de
[260] URL: http://www.vollplaybacktheater.de/extras.html: "Die drei ??? und ihre 5-Minuten-Fälle"
[261] „Das Vollplaybacktheater"
[262] „Livehörspiel" der Originalsprecher.
[263] URL: www.vollplaybacktheater.de/bisher/bisher_1999.html
[264] URL: http://hoergold.de/audiobooks/listings/index.htx?f_kid=51&cap_text=Film
[265] URL: http://www.hoerspielland.de/hl-3.1.645-1.1.645.html

gelt werden. Aus reinen Profitgründen wurden hier TV-Vorlagen mit simpelsten Mitteln multimedial wiederverwertet. Diese Produktionen sind qualitativ nicht mit dem Phänomen der multimedialen Wiederverwertungskette, wie sie im Bereich des Rundfunkhörspiels vorgestellt wurden vergleichbar. Bei Unterhaltungshörspielen findet die Umsetzung von der Vorlage zum Hörspiel statt, indem der Text des Originals vorgelesen oder von mehreren Sprechern in verschiedenen Rollen vorgetragen wird. Bei philosophischen, wissenschaftlichen und anderen Kategorien von Hörliteratur, werden diese in Form von aufgezeichneten Gesprächen, Vorträgen oder Seminaren umgesetzt. Sie ähneln dabei einer, der aus dem Rundfunk bekannten Hörspiel-Dokumentation, bzw. einem Radio-Feature.

Im humoristischen Bereich werden ebenfalls aufgezeichnete Teile von Live-Auftritten zusammengesetzt (z.B. Otto)[266], Telefonanrufe inszeniert und dokumentiert (z.B. Studio Braun)[267] oder kleine Hörsketche, die speziell für das Hörspiel entworfen wurden aufgenommen (Helge Schneider)[268].

Wie verschieden die Kategorien und die Art der Umsetzung von Hörbüchern und Hörspielen auch sein mag, allen geht es um die akustische Wahrnehmung von Sprache, um „Phantasiehören" und „Hörensehen"[269]. Die steigende Qualität von Produktion und Inhalt, gerade im Bereich des Erwachsenenhörspiels, ebenso wie die abwechslungsreichen und zahlreichen Kategorien von Literaturtonträgern, machten die Hörrezeption bis heute immer beliebter.

---

[266] URL: http://www.olson.de/ostfriesland/beruehmt/ossi_otto.htm
[267] URL: http://www.hoerspiel-portal.de/hoerspass/comedy/studiobraun/index.shtml :[...] *junge Leute mit mehr oder weniger angenehmen Stimmen. Dann erinnere man sich an Späße und Blödeleien aus frühester Jugend, wie etwa Telefonstreiche, bei denen es nur darum geht, dem Angerufenen irgendeinen Blödsinn zu erzählen, um sich selbst daran krank zu lachen.*
[268] URL: http://www.helge-online.de/hbiograf.htm
[269] Faulstich, Werner: Einführung in die Medienwissenschaft. München: Utb. Wilhelm Fink Verlag GmbH & Co. Kg. 2002. S. 312.

Schlussbetrachtung

Der Entwicklungsprozess des Hörspiels in Deutschland vor 1945 und in der BRD war von Höhen und Tiefen geprägt. Das Radiohörspiel gab die entscheidenden Impulse für die gesamte Entwicklung der Gattung, doch gerade in den letzten Jahrzehnten waren hauptsächlich Hörbücher auf Tonträgermedien für den neuen Zuspruch verantwortlich, den das Hörspiel erfuhr.

Trotz der Kritik seitens einiger etablierter Literaten, zeigte sich das Rundfunkhörspiel gerade in seinen Anfängen sehr innovativ und war beim Publikum äußerst beliebt. Einerseits durch die Faszination für die neue Technologie des Rundfunks aber vor allem auch durch die neuartige Form der rein akustischen Unterhaltung, die in dieser Form ein Novum darstellte. In den Anfängen des Hörspiels wurden bereits die Grundlagen für die meisten der später folgenden Hörspieltypen und -genres entwickelt. Doch schon zu dieser Zeit stand das Hörspiel unter dem Einfluss der Regierenden, die es als politisches Mittel einsetzten. Die Unterhaltungshörspiele dienten dazu, die Bevölkerung in Zeiten des Hungers und der wirtschaftlichen Misere von ihren Alltagsproblemen abzulenken. Diese Art des Hörspiels stieß beim Hörpublikum zwar auf eine positive Resonanz, doch zeichneten sich hier schon teilweise Tendenzen ab, die unter den Nationalsozialisten im Zuge der Gleichschaltung weiter fortgeführt wurden. Wie alle anderen Medien, so wurde unter dem NS-Regime auch das Rundfunkhörspiel als Propagandamittel missbraucht, das als Instrumentarium zum Einschwören auf nationales Denken und die Vorbereitung auf den Krieg diente. Technische Neuerungen, wie die Einführung des Tonbandgerätes „K1", wurden im nationalsozialistischen Deutschland ignoriert und konnten nur von den im Exil lebenden Hörspielmachern genutzt werden, die für den ausländischen Rundfunk deutschsprachige Gegenpropagandahörspiele verfassten.

Unmittelbar nach dem Krieg war das Hörspiel das dominierende Unterhaltungs- und Kulturmedium, da während des Krieges fast alle Kinos und Theater zerstört worden waren. Doch auch hier diente das Hörspiel als politisches Mittel. Wie viele andere Medien auch, nutzen es die Alliierten zur Demokratisierung der Bevölkerung. Selbst nach der Staatsgründung der BRD nahmen Politiker, wie Konrad Adenauer, Einfluss auf das Rundfunkprogramm und damit auch auf das Hörspiel. In der Nachkriegszeit dominierten Unterhaltungshörspiele, die sich entweder mit der Thematik des vergangenen Krieges oder mit der Illusion einer heilen Welt beschäftigten. Ähnlich wie in der Weimarer Republik diente das eine Genre zur Aufarbeitung des Erlebten, das andere der Zerstreuung und Ablenkung. Mit immer neuen Verbesserung der Aufnahmetechnik in den Rundfunkstudios, entwickelte sich auch das Hörspiel weiter und es entstanden neue Möglichkeiten der Hörspielproduktion. Doch mit der Einführung des Fernsehens etablierte sich ab den 60-er Jahren ein Konkurrenzmedium, dem das Hörspiel nicht mehr gewachsen war. In den 60-er und 70-er Jahren wurde trotz der Möglichkeiten, die die Einführung von Stereophonie und anderen technischen Neuerungen boten, die Entwicklung der Hörspielarbeit durch den Diskurs zwischen den Vertretern des traditionellen und des Neuen Hörspiels behindert. Das Hörspiel verlor seine Popularität beim Publikum und wurde öffentlich meist nur noch bei der Vergabe von Hörspielpreisen erwähnt. Doch das Hörspiel überstand die Einführung des Fernsehens als übermächtiges Konkurrenzmedium ebenso, wie die heraufbeschworene, sogenannte Hörspielkrise und den damit verbundenen, meist eher destruktiven Hörspieldiskurs der 60-er und 70-er Jahre. Am Anfang der 80-er Jahre war das Ergebnis des Hörspielstreits, die Einigung darauf, dass jeder Hörspieltyp gleichberechtigt behandelt wurde.

Mit der Einführung von privaten Radiosendern sah sich der Rundfunk jedoch plötzlich dem Druck durch den freien Markt ausgesetzt. Hatte es bis dahin noch nie Kritik an der Berechtigung des Hörspiels als Teil des Radioprogramms bestanden, so wurden jetzt Stimmen laut, die im Hinblick auf Einschaltquoten Gelder für das Hörspiel streichen wollten. Diesmal waren es also wirtschaftliche Zwänge, denen sich die Hörspielmacher ausgesetzt sahen. Doch das Hörspiel blieb Teil des Rundfunkprogramms.

Obwohl es immer wieder für überflüssig, veraltet oder tot erklärt wurde, existierte es doch weiter. Trotz aller Miseren fand eine stetige Entwicklung statt und obwohl der Rundfunk erst sehr spät in das Worttonträgergeschäft einstieg, erwies sich dieser Schritt für alle Beteiligten als sehr vorteilhaft. Aus der Symbiose von Radiohörspielproduktion und dem kommerziellen Vertrieb von Worttonträgern seitens der Hörverlage, besonders des DHV, kam es zu einem Hörspielboom gegen Ende der 90-er Jahre.

Wiederum waren es technische Entwicklungen, wie digitale Mischpulte, R-DAT und schließlich die Einführung des Computers, die für eine immer besser werdende Klangqualität und immer neuere gestalterische Mittel verantwortlich waren. Innovative Ideen seitens der Hörspielmacher konnten mit Hilfe dieser neuen Technik schneller und besser umgesetzt werden, oder wurden gar durch sie erst möglich.

Die Bandbreite der Sendemöglichkeiten erweiterte sich mit der Einführung von DSR und Live Stream-Radio. Gerade im Bereich des Internets bietet sich heute wieder für das Rundfunkhörspiel die Möglichkeit neue Angebotsstrukturen und Hörspielformen zu entwickeln und anzubieten. Wie dies aussehen könnte, wurde am Beispiel eines interaktiven Hörspiels gezeigt.

Hörspielkreative wie Michael Ammer oder das „Vollplaybacktheater" zeigten mit Formen von Live-Hörspieltheateraufführungen, dass das Hörspiel auch unabhängig vom Radio funktioniert. Dasselbe bewies auch der Erfolg der Worttonträger und die Präsenz des Hörspiels im Internet.

Bei den verschiedenen vorgestellten Tonträger zeigten sich Vor- und Nachteile. Doch ihre Einführung beeinflusste jedesmal das Rezeptionsverhalten der Hörer, die nunmehr selbst bestimmen können wann, wo und wie lange sie einem Hörspiel zuhören wollten. Die heute erwachsenen Rezipienten des Kinderhörspiels der 70-er und 80-er Jahre stellen einen großen Teil des heutigen Hörspielpublikums dar.

Welches Trägermedium für Hörspiele sich in Zukunft letztendlich etablieren wird, ist nicht absehbar. Wahrscheinlich ist nur, dass es in Zukunft, wie in vielen anderen Bereichen von Speichermedien auch, ein digitales sein wird. Im Augenblick dominiert noch die Audio-CD den Worttonträgermarkt. Die DVD hat gute Chancen die CD abzulösen, falls nicht vorher ein anderes, kompakteres digitales Medium mit einer noch höheren Speicherkapazität entwickelt wird.

Das Internet wird, trotz neuer Gesetze, auch in nächster Zukunft ein Ort zur illegalen „Beschaffung" von Hörspielen und zudem ein virtueller Kommunikationsraum der Hörer und Macher sein. Viele

Verlage haben die Vorteile des Internets ebenfalls erkannt und präsentieren ihre Produkte im Netz. Kein Verlag stellt jedoch seine Produktionen auch online zum herunterladen (z.B. als MP3) bereit. Die durchaus begründete Angst vor Raubkopien ist zu groß, obwohl die meisten Hörspiele auch im Status quo über Tauschbörsen erhältlich sind. Doch gerade für kleinere Verlage wären die Möglichkeiten, die sich durch die Strukturen des Internet bieten, besonders attraktiv, da z.B. Kosten, wie Verpackung und Versand komplett eingespart werden könnten und der Verbraucher von den niedrigeren Preisen profitieren würde.

Bei der Nutzung moderner Mittel des Vertriebes, bzw. der Verteilung von Hörbüchern stehen Hörverlage und Produzenten von Trägermedien und Abspielgeräten sich selbst und den Hörern im Wege, da ihre ökonomischen Prinzipien auf maximalen Profit ausgelegt sind und positive Entwicklungen so teilweise gelähmt werden.

Die rege Beteiligung von Hörbuchrezipienten an Kommunikationsforen im Internet zeigt das Interesse, das an Worttonträgern besteht. Es bleibt zu hoffen, dass sich Hörverlage in Zukunft nicht scheuen werden, neue Wege, wie im Falle der DVD-Veröffentlichung des Hörspiels „20 000 Meilen unter dem Meer", zu gehen und auch die Möglichkeiten des Internets zu nutzen, um den Hörern adäquate Preise und qualitativ hochwertige Produktionen anzubieten. Dann würden eventuell auch juristische Grauzonen, wie Tauschbörsen im Netz ihre Attraktivität verlieren und die Hörer von hochwertigen Worttonträgern und die Verlage und Rundfunkanstalten von gesicherten Einnahmen profitieren.

Literaturverzeichnis

Deutscher Bundestag, Referat Öffentlichkeitsarbeit (Hg.): Fragen an die deutsche Geschichte. Ideen, Kräfte, Entscheidungen von 1800 bis zur Gegenwart. Historische Ausstellung im Reichstagsgebäude in Berlin. Katalog. Stuttgart: Kohlhammer. 1988.

Bloom, Margret: Die westdeutsche Nachkriegszeit im literarischen Original-Hörspiel. Frankfurt a. M.: Verlag Peter Lang. 1985.

Buhofer, Annelies (Hg.): Karl Philipp Moritz. Tübingen: Francke Verlag. 1994.

Bund der Kriegsblinden u. Filmstiftung NRW (Hg.): HörWelten. 50 Jahre Hörspielpreis der Kriegsblinden. 1952-2001. Berlin: Aufbau-Verlag. 2001.

Cizmadia, Melanie: Zum Bestandsaufbau von Worttonträgern in öffentlichen Bibliotheken. Marktsichtung, Informationsquellen und Bewertungskriterien. Hochschule für Druck Stuttgart. Diplomarbeit. 2003.

Döhl, Reinhard: Das Hörspiel zur NS-Zeit. Geschichte und Typologie des Hörspiels. Darmstadt: Wissenschaftliche Buchgesellschaft.1992.

Faulstich, Werner: Einführung in die Medienwissenschaft. München: Utb. Wilhelm Fink Verlag GmbH & Co. Kg. 2002

Heidtmann, Horst: "Laß lesen!" Literaturtonträger in Öffentlichen Bibliotheken. Mediale Aspekte, Untersuchungen zu Angebot und Nutzung. In: Buch und Bibliothek. Heft 2. 1994.

Kälin, Sabine: Die Anfänge des Hörspiels in der Weimarer Republik. Versuch einer Analyse. Stuttgart: Akademischer Verlag. 1991.

Keckeis, Hermann: Das deutsche Hörspiel. 1923 – 1973. Ein systematischer Überblick mit kommentierter Bibliographie. Frankfurt a. M.: Athenäum Verlag. 1973.

Knilli, Friedrich: Das Hörspiel. Stuttgart: Kohlhammer Verlag. 1961.

Krug, Hans-Jürgen: Kleine Geschichte des Hörspiels. Konstanz: UVK Verlagsgesellschaft. 2003.

Ladler, Karl: Hörspielforschung. Schnittpunkt zwischen Literatur, Medien und Ästhetik. Wiesbaden: Deutscher Universitäts-Verlag. 2001.

Lerg, Winfried Bernhard (Hg.): Rundfunk und Politik, 1923 bis 1973 . Berlin: Spiess Verlag. 1975.

Ruschkowski, André: Elektronische Klänge und musikalische Entdeckungen. Stuttgart: Reclam Verlag. 1998.

Schanze, Helmut (Hg.): Metzler Lexikon. Medientheorie. Medienwissenschaft. Stuttgart: Verlag J. B. Metzler 2002.

Schöning, Klaus (Hg.): Hörspielmacher. Autorenporträts und Essays. Königstein: Athenäum Verlag. 1983.

Schwitzke, Heinz : Das Hörspiel. Dramaturgie und Geschichte. Köln, Berlin: Kiepenheuer und Witsch. 1963.

Soppe, August: Der Streit um das Hörspiel 1924/25. Entstehungsbedingungen eines Genres. Berlin: Verlag Spiess. 1978.

Wessels, Wolfram: Hörspiele im Dritten Reich. Zur Institutionen-, Theorie- und Literaturgeschichte. Bonn: Bouvier Verlag. 1985.

Internetquellen

URL: http://www.ifak-kindermedien.de/pdf/hoerbuecher.pdf
URL: http://www.hoerbuecher-welt.de/hoerbuch36_187.html
URL: http://www.heise.de/newsticker/data/ad-12.09.03-000/
URL: http://www.hoernews.de/
URL: http://www.nmz.de/nmz/nmz1999/nmz05/rumpf/doss-zombik.shtml
URL: http://www.mdr.de/mdr-kultur/hoerspiel/1035450.html
URL: http://www.hoerverlag.de/3-89940-287-1_3-89940-285-5.php?sender=neuerscheinungen
URL: http://www.geschaeftsidee.de/2000/2200/2211.html
URL: http://www.onoma.to/presse.html
URL: http://www.rocky-beach.com/misc/moc/master_of_chess.html
URL: http://www.vollplaybacktheater.de
URL: http://www.goethe.de/kug/mui/buv/thm/de34057.htm
URL: http://hoergold.de/audiobooks/listings/index.htx?f_kid=51&cap_text=Film
URL: http://www.hoerspielland.de/hl-3.1.645-1.1.645.html
URL: http://www.olson.de/ostfriesland/beruehmt/ossi_otto.htm
URL: http://www.hoerspiel-portal.de/hoerspass/comedy/studiobraun/index.shtml
URL: http://www.helge-online.de/hbiograf.htm
URL: www.slsknet.org
URL: www.kreimeier-online.de/Mediengeschichte_18.htm
URL: www.ifak-kindermedien.de/pdf/hoerbuecher.pdf
URL: www.uni-stuttgart.de/ndl1/benjamin.htm
URL: www.oldradioworld.de/volksd.htm
URL: www.uni-stuttgart.de/ndl1/tannewitz.htm
URL: golm.rz.uni-potsdam.de/Seghers/paris/arbeit.htm
URL: www.dhm.de/lemo/html/1950/
URL: www.hronline.de/webside/derhr/hrmedia/index.jsp?rubrik=4144&key=standart_document_1011414

URL: www.hoerspiel.com/genre/neues.htm

URL: www.hoerspiel.com/geschte/zeitl46.htm - 32k

URL: medialine.focus.de/PM1D/PM1DB/PM1DBF/pm1dbf.htm?snr=2484

URL: www.mediaculture-online.de/Das_neue_H_rspiel.314.0.html

URL: www.isi.ee.ethz.ch/education/lectures/ak2/ak2_link/hist-ea.htm#1960-1970

URL: www.miz.org/musikforum/mftxt/mufo9203.htm

URL: server02.is.uni-sb.de/courses/ident/themen/gesch_rundfunk/geschichte.php

URL: www.wdr5.de

URL: www.70disco.com/buggles.htm

URL: www.laut.de/wortlaut/artists/e/einstuerzende_neubauten/biographie/

URL: www.gfu.de/pages/history/his_tontr_08.html

URL: www.gfu.de/pages/history/his_radio_09.html

URL: www.gfu.de/pages/history/his_radio_10.html

URL: www.welt.de/daten/1999/06/12/0612lw117632.htx

URL: www.wdr.de/radio/technik/digital/digi_1.html

URL: www.zeit.de/2003/51/ohrenkunst

URL: www.phlow.net/plattenkritik/ammerconsole_on_the_tracks.php

URL: www.indigo.de/unser_programm/titel/9180/

URL: www.wdr5.de/veranstaltungen/155398.phtml

URL: www.br-online.de/wissen-bildung/thema/www/http.xml

URL: www.wdr5.de/sendungen/hoerbuch_seervice.phtml

URL: www.wdr5.de/kontakt/

URL: www.golem.de/0002/6558.html

URL: www.radiosites.de/messer.shtml

URL: www.radiocorax.de/index.php?option=content&task=archivecategory&year =2003&month=07

URL: www.diedekoder.de/relaunch/index.html#

URL: www.radiobremen.de/online/hesse/steppenwolf_flash.php3

URL: www.n-tv.de/2777528.html

URL: www.spiegel.de/netzwelt/politik/0,1518,303298,00.html
URL: www.spiegel.de/netzwelt/netzkultur/0,1518,309968,00.html
URL: karlmay.leo.org/kmg/seklit/JbKMG/1975/276.htm
URL: www.europa-vinyl.de/year.htm
URL: www.amazon.de/exec/obidos/ASIN/3899402650/
302-1620885-3692813
URL: www.mediacultureonline.de/fileadmin/bibliothek/
kapfer_verbund/kapfer_verbund.html
URL: www.3sat.de/3sat.php?http://www.3sat.de/kulturzeit/events/
bml02/bml.php?url=/kulturzeit/news/31001/index.html
URL: www.lfs.bsb-muenchen.de/Informationen/bestandsaufbau/
dokumente/hoerbuecher2003.htm
URL: de.wikipedia.org/wiki/Reichsmark
URL: www.hoerverlag.de/3-89584-274-5.php?sender=genresuche
URL: www.vollplaybacktheater.de/bisher/bisher_1999.html
URL: www.rocky-beach.com/misc/100/100.html
URL: www.elektronik-kompendium.de/sites/com/0507171.htm
URL: http://groups.google.de/groups?hl=de&lr=&ie=UTF8&oe=
UTF8&threadm=38bf67c4_3%40news2.prserv.net&rnum=6&prev=/
groups%3Fq%3Ddiskussion%2Bherr%2Bder%2Bringe%2Bh%25C3%
25B6rspiel%26hl%3Dde%26lr%3D%26ie%3DUTF-8%26oe%3DUTF-
8%26selm%3D38bf67c4_3%2540news2.prserv.net%26rnum%3D6
URL: www.dzb.de/daisy/Info_Daisy.htm
URL: www.zeit.de/2003/20/Feldpostp_8ackchen
URL: www.areion.de/buchausgabe43.html

www.ingramcontent.com/pod-product-compliance
Lightning Source LLC
Chambersburg PA
CBHW031222230426
43667CB00009BA/1445